Inhalt

Vorwort

Salutogenese heißt das neue Paradigma, das Medizin und Pädagogik einzigartig verknüpft. Das Wort bedeutet: Herkunft der Gesundheit und lenkt das Interesse von Ärzten und Pädagogen auf die Frage, wie Gesundheit entsteht, und somit weg von der Fixierung auf die mögliche Herkunft von Störungen oder Problemen. Damit ist der Blick auf das Positive gerichtet, auf das, was Kinder mitbringen, was sie stärken und schützen kann und was sie letztlich unverwundbar im Kern ihrer Persönlichkeit und aktiv in der Gestaltung ihres Schicksals sein läßt. Angesichts der vielfältigen Nöte und Schadensquellen, denen Kinder heute in ihrer Entwicklung ausgesetzt sind, eröffnet diese Betrachtung ein konstruktives, zukunftsorientiertes Handeln.

Ich danke dem Verleger Johannes Mayer für die Anregung, einige grundlegende Gesichtspunkte zu dieser Thematik zusammenzufassen, und der Lektorin Roswitha von dem Borne für die Hilfe bei der Auswahl der Themenschwerpunkte und das engagierte Lektorat.

Michaela Glöckler *Dornach, im Oktober 2002*

Chancen der Kindheit heute

Von den Möglichkeiten her ging es Kindern noch nie so gut wie heute. Wir haben Schulen selbst für Gehörlose, wir haben Schulen für Blinde und für alle Arten von geistig und körperlich Behinderten. Und: Wie viel wissen wir heute über die kindliche Entwicklung! Was Hirnforschung, Vererbungsforschung und Verhaltensforschung in den letzten fünfzig Jahren zutage gefördert haben, ergibt Erkenntnisse, die – in die Tat umgesetzt, Kindern zu einem aussichtsreichen Start in das Leben verhelfen können.

Allein die Hospitalismusforschung – allen voran René Spitz – hat so viel erbracht, was wichtig zu wissen ist. Sie hat die Anschauung über das Aufwachsen in den ersten drei Lebensjahren revolutioniert und Grund gelegt für alle weiteren Studien zur frühen Kindheit. [1] Kernaussage der Hospitalismusforschung ist, daß Kinder nicht gedeihen, wenn ihnen eine feste menschliche Bindung fehlt.

Dieser Mangel führt insbesondere in den ersten drei Lebensjahren – in der vor-ich-bewußten Phase also – nicht nur zu schweren seelischen, sondern auch zu tiefgreifendsten körperlichen Störungen. Beim Fehlen einer konstanten Bezugsperson kommt es innerhalb von zwei bis drei Monaten zum Beispiel bei Säuglingen im ersten Lebensjahr zum Entwicklungsstillstand. Es folgt eine Zeit ängstlichen Anklammerns an die wechselnden Betreuungspersonen. Schließlich weicht das weinerliche Verhalten einer zunehmenden Teilnahmslosigkeit. Lethargie, Wimmern, Kopfschaukeln, Schlaflosigkeit und Anfälligkeit gegenüber Infektionen treten auf. Diese Störungen können so gravierend werden, daß sie sogar zum Tode führen. Gerade diese Hospitalismus- und Deprivationssymptome zeigen am deutlichsten, daß sich die leibliche Entwicklung des Menschen nicht nur aufgrund von Vererbung und guter Ernährung vollzieht, sondern in Abhängigkeit von der seelisch-geistigen Zuwendung zur Persönlichkeit des heranwachsenden Kindes. Wird diese nicht angenommen, bejaht und angesprochen, so kann sie nicht »ankommen«, sich nicht richtig »verkörpern«.

Diese Zuwendung zum Kind, die ihm das Gefühl des Angenommenseins gibt, kann allerdings dadurch noch eine Vertiefung erfahren, daß die leiblichen oder die Adoptiveltern sich die Dimension ihres Erziehungsauftrags bewußt machen und die Frage nach der geistigen Wirklichkeit des Schicksals stellen: Warum hat mir das Schicksal gerade dieses Kind zur Obhut gegeben? Hat es sich vielleicht schon lange im Vorgeburtlichen diese Begegnung gewünscht? Was können wir einander bedeuten? Was erwartet es von mir für seinen Start ins Leben? Wenn man ganz schlicht davon ausgeht, daß jede Beziehung Teil einer umfassenden Schicksalsgestaltung ist, die ihre Wurzeln in früheren Erdenleben hat, die in der Gegenwart erneuert und weiterentwickelt werden, gibt jeder Tag von neuem die Möglichkeit bewußter Schicksalsgestaltung und Zukunftsvorbereitung. [2] Die Art der Beziehung, ihre Verbindlichkeit im Hier und Jetzt, ihre Gegründetheit in einem umfassenden Schicksalsvertrauen, das es zu erringen und zu pflegen gilt, bestimmt die Qualität der Erziehung entscheidend mit.[3]

Neben diesen grundlegenden Einsichten aus Natur- und Geisteswissenschaft[4] stehen Eltern und Erziehern heute zahlreiche Bücher zur Verfügung, in denen nicht nur die menschenkundlichen Grundlagen und die Schritte der kindlichen Entwicklung verständlich gemacht, sondern darüber hinaus auch Hinweise für die praktische Umsetzung erzieherischer Maßnahmen im Umgang mit dem Kind gegeben werden.

Auch stehen Erziehungsberatungsstellen, Kinderpsychologen und Selbsthilfegruppen für jeden Ratsuchenden zur Verfügung, werden in jeder Hinsicht differenzierte Förderungsmöglichkeiten geboten.

Warum aber besteht dennoch ein »Erziehungsnotstand«? Er liegt mit Sicherheit nicht darin, daß Eltern und Erzieher über ein mangelndes Wissen verfügen, sondern vielmehr an der Schwierigkeit, dieses Wissen umzusetzen. Es gibt zwar in der Praxis viele nachahmenswerte Beispiele, wie man einen Krippenalltag sinnvoll gestalten oder einen Kindergarten nach modernen Gesichtspunkten so einrichten kann, daß Sinnesentwicklung, Kreativität, Sprachvermögen, Bewegungsfähigkeit und Geschicklichkeit dort angeregt und ausgebildet werden. Die Realität sieht aber zumeist doch so aus, daß vor allem die Kinder, die das am nötigsten brauchen, es nicht bekommen.

In dem aufrüttelnden Buch »Wer hat unseren Kindern das Töten beigebracht?«[5] wird darüber hinaus noch die neue Art der Vernachlässigung kindlicher Bedürfnisse aufgedeckt: die gekonnte und bewußte Desensibilisierung gegenüber Grausamkeit und Gewalt und der Verlust von Mitgefühl und empathischer Beziehungsfähigkeit. Dabei hat sich zum Beispiel der Anteil von Kindern an Gewaltdelikten seit 1993 mehr als verdreifacht und zeigt in Deutschland eine Zunahme bei Jugendlichen von 72%.

Demgegenüber gibt es Versuche, sich international zum Schutz der Kindheit zusammenzutun. Hunderte von nichtstaatlichen Organisationen und Vereinigungen zum Kampf um die Rechte der Kinder sind hier aktiv. Ein Beispiel dafür ist die »Alliance für Childhood«, die im Jahr 2000 gleichzeitig in New York, London und Stuttgart begründet wurde. Sie hat das Ziel, ein internationales Netzwerk kooperierender Organisationen, Institutionen und aktiver Einzelpersönlichkeiten aufzubauen und weltweit zu agieren.[6] Dennoch haben sich die elementarsten Grundsätze einer gesunden Entwicklung noch nicht so durchgesetzt, daß beispielsweise staatliche Einrichtungen geschaffen und dafür Sorge getragen würde, daß diese so lebens- und menschenwichtigen Maßnahmen eben vor allem denen zugute kommen, die es am nötigsten brauchen, weil hier das soziale Netz von Anfang an eine Schwachstelle hat.

Jeder – auch diejenigen, die selbst keine Kinder haben – ist heute gefragt, hier mitzuhelfen. Kinder und Jugendliche verstehen lernen heißt auch, sein eigenes Menschsein zu begreifen und es nicht im wachsenden Druck der Ereignisse zu vergessen. Es heißt aber auch, Mitverantwortung für das Morgen zu übernehmen und es nicht nur »irgendwie« kommen zu lassen, sondern aktiv mitzugestalten.

Ein neues Paradigma

Neben dem umfassenden Wissen über die kindliche Entwicklung gewinnt gegenwärtig ein neues medizinisches »Paradigma«[7] immer mehr an Beachtung. Wir haben zweihundert Jahre Medizingeschichte hinter uns, die ganz im Zeichen des Paradigmas der »Pathogenese« stand (pathein = Leiden, genese = Ursprung, Entstehung). Dabei ging es um die Frage: Woher kommt das Leiden? Das ist eine Forschungsrichtung, die immer, wenn irgend etwas nicht funktioniert, nach der Ursache sucht: Wo sitzt der Pathomechanismus? Was ist geschehen, daß hier etwas gestört, zerstört wurde? In bezug auf eine Infektionskrankheit heißt das zum Beispiel: Wo kommt der Erreger her und was muß ich tun, um diesen Krankheitserreger zu beseitigen beziehungsweise den Kontakt mit ihm auszuschalten? In diesem Zusammenhang ist auch der Begriff der Prävention, der Vorbeugung entwickelt worden. Krankheitsvorbeugung im Sinne der Pathogenese besteht darin, krankmachende Faktoren zu verhindern, möglichst auszuschließen. Wie Krankheit entsteht und wie sie verhindert werden kann, das ist hier die Frage.

Inzwischen hat sich eine neue Sicht der Dinge Bahn gebrochen. Das neue Paradigma der »Salutogenese« (salus, salutis = Gesundheit, Glück, Heil, genese = Ursprung, Entstehung) fragt hingegen: Wo liegen die Ursprünge der Gesundheit? Wie kann sie gestärkt werden? Wie kann man lernen, mit Kränkungen aller Art so umzugehen, daß man dadurch gewinnt, letztlich sogar gesünder wird? Entsprechend werden an immer mehr Universitäten in Europa und in den USA Abteilungen oder auch Lehrstühle für Gesundheitswissenschaften eingerichtet.

Dieser neuen Anschauung liegt das Gesundheitsmodell der »Salutogenese« des amerikanisch-irsraelischen Medizinsoziologen Aaron Antonovsky (1923-1994) zugrunde. [8] Die Frage, warum Menschen gesund bleiben, soll Vorrang haben vor der Frage nach den Ursachen von Krankheiten.

Was aber ist eigentlich Gesundheit? Sicher nicht allein Abwesenheit oder Freisein von Krankheit! Heute besteht in den Sozialwissenschaften und der Medizin Einigkeit darüber, daß Gesundheit mehrdimensional betrachtet werden muß. Neben körperlichem Wohlbefinden (z.B. Freude, Glück Lebenszufriedenheit) gehören auch Leistungsfähigkeit, Selbstverwirklichung und Sinnfindung dazu. Gesundheit hängt ab vom Grad der Wahrnehmung und der Fähigkeit im Umgang mit Belastungen, Risiken und Gefährdungen. Sie ist mitbestimmt durch die soziale und ökologische Umwelt sowie von der Erschließung und Inanspruchnahme von sogenannten Widerstandsressourcen.

Weite Kreise fordern heute den ganzheitlichen Ansatz in der Medizin, weil das Unmenschliche einer reduzierten beziehungsweise reduktionistischen Betrachtung empfunden wird. Nur wo die Faktoren zusammenstimmen, entsteht das Gefühl des »Heil«- oder »Ganz«-Seins. So hat auch die »Bundeszentrale für gesundheitliche Aufklärung in Deutschland« Antonovskys Modell der Salutogenese zum Thema einer Publikation gemacht, um zu prüfen, welche Konsequenzen sich daraus für die Gestaltung des Gesundheitswesens ziehen lassen.[9]

Antonovskys Konzept der Salutogenese

Aaron Antovovsky, jüdischer Abkunft, wurde 1923 in Brooklyn geboren und emigrierte 1960 mit seiner Frau nach Israel. Als Zeitzeuge des Zweiten Weltkriegs mußte er erleben, daß viele Verwandte und Menschen seines Umkreises die Traumata und Schäden des Holocaust erlitten oder in Konzentrationslagern vernichtet wurden. Als Medizinsoziologe beteiligte er sich dann in Israel an verschiedenen Forschungsprojekten, die sich mit dem Zusammenhang von Streßfaktoren und Gesundheit beziehungsweise Krankheit befaßten. Bald vertrat er ein Streßkonzept, in dem Streßfaktoren nicht mehr nur als grundsätzlich krankmachend angesehen werden, sondern als Herausforderung, als Stimuli, die einen Zustand der Anspannung auslösen. Damit kam er auf die psychologische Fragestellung nach individuellen Verarbeitungsmustern beziehungsweise Möglichkeiten angesichts solcher Anspannungszustände.

Ausschlaggebend für seine weitere Forschungstätigkeit waren Überlegungen aufgrund von Untersuchungen über die Auswirkung der Wechseljahre bei Frauen der Jahrgänge 1914-1923, die teilweise in einem Konzentrationslager inhaftiert gewesen waren.

Zu seinem Erstaunen stellte er fest, daß eine beträchtliche Anzahl Überlebender dieses Holocaust, die alle Grausamkeiten des Konzentrationslagers erlitten und dann auch in Israel drei Kriege überlebt hatten, nach seinen Untersuchungen eine Art Übergesundheit hatten. Nach all dem, was sie durchgemacht hatten, traf er Menschen von einer großen Ausstrahlung an, die eine seelische Robustheit und Kerngesundheit zeigten, der er bislang so nicht begegnet war.

Das brachte ihn auf die Frage: Wie ist so etwas möglich, das eigentlich aller Vernunft, allen traumatologischen Theorien widerspricht? Wie haben die Frauen es geschafft, diesen Extrembelastungen standzuhalten und gesund zu bleiben, anstatt an Leib und Seele Schaden zu nehmen oder zu zerbrechen? Die Antwort auf diese Frage brachte den entscheidenden salutogenetischen Perspektivenwechsel mit sich, der seine ganze weitere Forschungstätigkeit bestimmte. So fing er an, systematisch die Bedingungen für Gesundheit zu untersuchen, die man in drei Grundprinzipien zusammenfassen kann. Ihre Berücksichtigung ist für das gesunde Aufwachsen von Kindern entscheidend. Sie geben der medizinisch-pädagogischen Arbeit insgesamt eine konsequent ganzheitliche Orientierung.

Heterostase – die physiologische Herausforderung der körperlichen Gesundheit

»Hetero« heißt »anders« oder auch »fremd« und »Stase« »Zustand«, »Situation«. Man kennt aus der Medizin vom gesunden Organismus den Begriff der Homöostase, das heißt der Konstanterhaltung des Milieus. Alle physiologischen Körperfunktionen streben ein sogenanntes Fließgleichgewicht an.

Dem setzt Antonovsky nun den Begriff der Heterostase entgegen und sagt: Die Gesundheit bemißt sich nicht primär am Ziel der Homöostase, sondern am Weg der Überwindung heterostatischer Einflüsse. Sie bemißt sich an der Fähigkeit, mit heterostatischen Faktoren und Prozessen umzugehen. Gesundheit ist Ausdruck der Überwindungsfähigkeit von Krankheitstendenzen, fremden Einflüssen, Attacken, Klimawechseln, ungewohnter Nahrung und ähnlichem mehr. Wenn der Organismus es schafft – in etwa nach dem Prinzip: »Was mich nicht umbringt, macht mich stark« –, sich positiv damit auseinanderzusetzen, dann hat er neue Fähigkeiten erworben, sich gesund zu erhalten.

Ein Kernaspekt des salutogenetischen Prinzips ist also die Fähigkeit des Menschen, sich mit Fremdem auseinanderzusetzen und sich in der Auseinandersetzung damit zu stärken. Das Prinzip der Heterostase bedeutet auch, Streß und Konflikte aushalten zu lernen und nicht in jedem Fall zu vermeiden. Es gilt, die Grenzen der körperlichen und seelischen Belastbarkeit kennen und weiter ausdehnen zu lernen.

Dieses Prinzip hat und hätte – so man es ernst nimmt – für die gesamte Impfpolitik, für die Fieberbehandlung, für den Umgang mit dem kindlichen Immunsystem weitreichende Folgen. Es würde neue Fragen, neue Strategien in der Gesundheitsvorsorge anstoßen. Es würde auf jeden Fall bedeuten, daß man die Maßnahmen stärker individualisiert und nicht generell zum Beispiel jedes Kind nach dem gleichen Schema impft oder antibiotisch behandelt. Glücklicherweise hat sich die kinderärztliche Reflexhandlung der sechziger und siebziger Jahre des 20. Jahrhunderts – wo Fieber auftritt, muß umgehend mit einem Zäpfchen Abhilfe geschaffen werden – bereits in die richtige Richtung gewandelt, indem in neueren Lehrbüchern zu lesen ist, daß nur der unerfahrene Kinderarzt bei jedem Fieber zum Zäpfchen greift. Zu überzeugend sind die Nachweise der immunstimulierenden und Viren und Bakterien schädigenden Wirkungen des Fiebers. [10]

Das salutogenetische Prinzip fördert auch den Gedankenansatz der anthroposophischen Medizin, daß es die kindliche Entwicklung unterstützt, Kinderkrankheiten »durchzumachen«. Es fördert die Entwicklung des Immunsystems, die Fähigkeit zu Selbstregulation und Selbstheilung und damit die körperliche Individualisierung und »Inkarnation«. Selbstverständlich bedeutet das nicht, im echten Bedarfsfall nicht doch auch zu impfen oder nach fiebersenkenden beziehungsweise antibiotisch wirksamen Substanzen zu greifen. Dies jedoch nur bei gegebener Indikation wie körperlicher

Schwäche, Herzfehler und ähnlichem oder bei Hunger, mangelnder Hygiene und Pflege, wie dies beispielsweise in Afrika der Fall ist.

So ist bei jedem Kind die Frage zu stellen, ob es stark genug ist für die Auseinandersetzung mit der Krankheit. Dies zu beurteilen ist vornehmlich ärztliche Aufgabe. Ist ein Kind in seiner Konstitution so schwach, daß ihm die Auseinandersetzung mit einer Kinderkrankheit oder hohem Fieber nicht zugemutet werden kann oder fehlt die nötige Unterstützung aus dem sozialen Umfeld, so ist es natürlich auch sinnvoll, das Kind zu impfen und im gegebenen Fall mit fiebersenkenden Mitteln und Antibiotika zu behandeln.

Grundsätzlich gilt jedoch, daß nicht durch unreflektierte Massenimpfungen die Auseinandersetzung mit sämtlichen Kinderkrankheiten verhindert wird und man damit den Kindern die Chance nimmt, neue weitreichende Widerstandskräfte zu entwickeln. Auch wird in der Diskussion immer wieder vernachlässigt, daß zum Beispiel Masern viel häufiger zu Komplikationen führen, wenn fiebersenkende Mittel gegeben wurden und damit der Körper seiner Waffe gegen das Masernvirus beraubt worden ist. [11]

Durch die zunehmende Resistenzentwicklung im Bereich der Antibiotika hat sich glücklicherweise an dieser Front bereits ein Umdenken angebahnt, indem zunehmend auch Fachleute empfehlen, Antibiotika nur noch zu verordnen, wenn sie wirklich indiziert sind, das heißt, wenn ein Organismus zu schwach ist, die Überwindung der Infektion aus eigener Kraft zu leisten. So kommt nun auch im Bereich der Schulmedizin in Gang, was durch Nachdenken und »physiologische Empathie«, das heißt ein Mitdenken und Mitempfinden mit den Bedürfnissen des wachsenden Organismus, durch Homöopathen, anthroposophische Ärzte und andere Komplementärmediziner schon lange empfohlen worden ist.

Typisch für das pathogenische Prinzip wäre der Rat: Impfe dich gegen jedes Grippevirus, vermeide möglichst jeden Streß und Ärger oder nimm bei jedem Unwohlsein gleich die eine oder andere Tablette. Für die Salutogenese dagegen ist die Frage entscheidend: Wie lerne ich, mit allen Lebenslagen zurechtzukommen und innerlich und äußerlich flexibel zu sein? Wie werde ich frustrations-tolerant, streß-tolerant, weitgehend autonom und selbstregulierend? [12]

Das Kohärenzgefühl – oder von den Prinzipien seelischer Gesundheit

Im Zentrum des Salutogenese-Konzeptes von Antonovsky steht der Begriff Sense of Coherence (SOC), zu deutsch: das Kohärenzgefühl. Hier geht es darum, zu verstehen, was letztlich bewirkt, daß man Extrembelastungen negativer Art innerlich und damit auch weitmöglichst äußerlich standhalten kann. Antonovsky fand heraus, daß gesunde Menschen ein starkes Kohärenzgefühl haben, das heißt, daß sie sich mit sich selbst, ihrem Schicksal, mit anderen Menschen sowie den Zeitverhältnissen, unter denen sie leben, positiv verbunden fühlen können. Kohärenz bedeutet, Zusammenhängen verbunden sein. Je stärker dies zu erleben ist, desto deutlicher wird auch der Sinnbezug und damit auch das Sinnerleben für die eigene Existenz. Ohne Bezug zu mir, den Dingen und Wesen um mich her wird mir letztlich auch meine eigene Existenz zur quälenden Frage nach deren Sinn.

Der Gesundheits- und Krankheitszustand eines Menschen wird maßgeblich bestimmt durch seine allgemeine Grundhaltung gegenüber der Welt. Deshalb ist bei äußerlich vergleichbaren Bedingungen wie zum Beispiel in Kriegs- oder Notzeiten eine unterschiedliche Bewältigung bei den Betroffenen zu beobachten. Das Kohärenzgefühl ist »eine globale Orientierung, die das Ausmaß ausdrückt, in dem jemand ein durchdringendes, überdauerndes und dennoch dynamisches Gefühl des Vertrauens hat, daß erstens die Anforderungen aus der inneren und äußeren Erfahrenswelt im Verlauf des Lebens strukturiert, vorhersehbar und erklärbar sind und daß zweitens die Ressourcen zur Verfügung stehen, die nötig sind, um den Anforderungen gerecht zu werden. Und drittens, daß diese Anforderungen Herausforderungen sind, die Investitionen und Engagement verdienen«.[13]

Wie lernt man nun, dieses Kohärenzgefühl zu entwickeln und damit nachhaltig Gesundheit zu veranlagen? Das Kind muß durch die Erziehung eine befriedigende Weltanschauung erlernen. Es muß lernen, daß die Welt

- verstehbar
- sinnhaft, bedeutsam
- handhabbar ist.

Das bedeutet, der Welt und sich selbst gegenüber das Gefühl zu haben: Wenn ich mich nur genügend anstrenge oder mich ernsthaft interessiere, kann ich doch eigentlich verstehen, was mir begegnet. Die Welt als geordnet und strukturiert wahrzunehmen und nicht als chaotisch, willkürlich, zufällig oder unerklärlich, ist entscheidend für das Sich-gesund-Fühlen. Die Person, die über ein hohes Maß an *Verstehbarkeit* verfügt, geht davon aus, daß Schwierigkeiten, denen sie in Zukunft begegnet, entweder vorhersehbar sind, oder daß sie zumindest, sollten sie tatsächlich überraschend auftreten, eingeordnet und erklärt werden können. Tod, Krieg und

Versagen können eintreten, aber solch eine Person kann sie sich *erklären* und damit ein bewußtes Verhältnis dazu bekommen.

Das Gefühl der *Sinnhaftigkeit* oder *Bedeutsamkeit* beschreibt das Ausmaß, mit dem man seinem Leben Sinn geben kann. Sind es Probleme und Anforderungen wert, daß man Energie in sie investiert? Daß man sich für sie einsetzt und sich ihnen verpflichtet? Daß sie eher willkommene Herausforderungen sind als Lasten, die man gern los wäre?

Geschieht etwas Tragisches, zum Beispiel ein Unfall, der Tod eines Nahestehenden, die Notwendigkeit, sich einer schweren Operation zu unterziehen, oder der Verlust des Arbeitsplatzes, so wird man nicht nur Angst, Trauer oder Wut empfinden, sondern sich auch fragen: Was bedeutet das Ereignis für mich, für meine Entwicklung? Wie kann ich meinem Leben gerade dadurch einen vielleicht neuen Sinn geben? Unglückliche Erfahrungen können so als persönliche Herausforderung empfunden werden, in die das eigene Schicksal positiv integrierbar ist. Wer so lebt, lebt nicht in Widerspruch mit sich selbst oder spaltet gewisse Erlebnisanteile von der eigenen Persönlichkeit als unannehmbar ab. Ein tiefchristliches Motiv kommt hier zum Tragen: das Stellvertretermotiv. Steiner hat es einmal so formuliert: Was du auch leidest, leidest du um eines großen Weltzusammenhanges willen. [14] Erst im Kontext des Ganzen zeigen die Ereignisse – und seien sie auch noch so düster – ihren Sinn.

Das Gefühl der *Handhabbarkeit* steht für ein klares Bewußtsein, was man kann und was nicht. Dem Nichtkönnen gegenüber hat man allerdings das Gefühl: »Ich könnte, wenn ich wollte.« Im Prinzip erlebt man die Welt und sich selbst als handhabbar, als »manageable«. Dazu gehört auch die Überzeugung, daß Schwierigkeiten lösbar sind und daß man geeignete Ressourcen zur Verfügung hat oder aufbaut, um den Anforderungen zu begegnen. [15] Zur Verfügung stehen dabei Erfahrungen, über die man selbst verfügt, oder solche, die von anderen erbracht werden – vom Ehepartner, von Freunden, Kollegen, vom Arzt, von Gott – kurz von jemandem, auf den man zählen kann, dem man vertraut, der hilft.

Das Kohärenzgefühl – als Erlebnis von Verstehbarkeit, Sinnhaftigkeit und Handhabbarkeit der Welt – entwickelt sich nun weitgehend in Kindheit und Jugend. Daher kommt dieser Zeit die entscheidende Bedeutung für die Gesundheit im späteren Leben zu.

Zum Beispiel gab es nach dem Zweiten Weltkrieg viele Kinder, die aufgrund von eigenen Kriegserlebnissen oder Berichten von betroffenen Erwachsenen wie denen von den Atombombenabwürfen auf Hiroshima und Nagasaki in Japan mit starken Ängsten belastet waren. Da ist es entscheidend, wenigstens einen Menschen in der Nähe zu haben, der Verständnis für die Situation der Kinder hat, dem sie Fragen stellen können und die so mithelfen, ein Kohärenzgefühl aufzubauen und das Schreckliche irgendwie einzuordnen und wenigstens der Verstehbarkeit zuzuführen.

Entsprechend geht es heute vielen Kindern und Jugendlichen im Nachklang der Ereignisse vom 11. September oder wenn sie von Völkermord und Hungersnot hören oder von dem Dahinsiechen der unzähligen HIV-Infizierten in Afrika. Diskussionen und Reportagen sowie möglichst vielseitige Informationen, die das Ereignis verstehbar und verarbeitbar machen, ist das eine, was nötig ist. Je nach Alter des Kindes ist aber vor allem entscheidend, daß es einen nahen Menschen gibt – am besten Mutter oder Vater –, der all dies auch miterlebt und im Bewußtsein hat und dennoch Hoffnung und Lebenszuversicht ausstrahlt. Er vermittelt dem Kind durch die Art, wie er ist, daß man lernen kann, auch damit zu leben, und welche Möglichkeiten es gibt, an einer positiven Änderung der Verhältnisse zu arbeiten. Entscheidend ist das Erleben: Auch ich werde gebraucht, ich kann mithelfen, das Leben lebenswerter zu machen, es lohnt sich die Anstrengung, mitzuarbeiten am Ganzen.

»Das Kohärenzgefühl entscheidet darüber, ob wir äußere Belastungen als bedrohlichen Streß, nervend, ermüdend, überflüssig und ärgerlich oder als Herausforderung ansehen, die wir glauben – ohne uns selbst untreu zu werden – durchstehen oder meistern zu können oder die uns vielleicht sogar Spaß machen.« [16]

Es mag sein, daß man eigentlich wenig Freude an seiner Arbeit empfindet, beispielsweise den Haushalt zu führen oder zur Schule zu gehen. Aber wenn man davon überzeugt ist, daß die Arbeit Bedeutsamkeit hat, weil man damit die Familie unterstützt, die Kinder versorgt oder sich auf eine Karriere vorbereitet, dann kann man dennoch über ein starkes Kohärenzgefühl verfügen. Als Erwachsener kann man es sich auch täglich neu erwerben, indem man im Vorblick auf den Tag seine

Gestimmtheit überprüft und sich vornimmt, die anstehenden Dinge motiviert in Angriff zu nehmen, weil sie in einem größeren Kontext nötig sind, auch wenn sie vielleicht momentan als lästig empfunden werden könnten.

Mit dieser zentralen Begrifflichkeit für seelische Gesundheit – dem Kohärenzgefühl – wird etwas aufgegriffen, was lebenserfahrene Menschen und der gesunde Menschenverstand zwar immer schon gesagt haben, der Unterschied ist nur, daß es jetzt als dokumentiertes und damit faktengestütztes Forschungsergebnis vorliegt. Dadurch ist die Chance gegeben, ernst genommen zu werden sowie lehr- und lernbar zu sein. Werden im Laufe von Kindheit und Jugend Umgangsweisen und Bewältigungsstrategien erworben, wie man mit einem Konflikt, mit einem Problem fertig wird, dann ist man in der Lage, später problematische biographische Ereignisse sinngebend zu verarbeiten. Man entwickelt ein Zusammengehörigkeitsgefühl, empfindet ein sinnvolles Verbunden-Sein mit der Umwelt, mit anderen Menschen, aber auch mit sich selbst.

Ein eindrucksvolles Beispiel für solchen Zusammenhalt ist ein Brief, den Friedrich Bonhoeffer Weihnachten 1943 aus dem Gefängnis in Tegel kurz vor seiner Hinrichtung an seine Eltern schrieb: »Ich brauche Euch nicht zu sagen, wie groß meine Sehnsucht nach Freiheit und nach Euch allen ist. Aber ihr habt uns durch Jahrzehnte hindurch so unvergleichlich schöne Weihnachten bereitet, daß die dankbare Erinnerung daran stark genug ist, um auch ein dunkleres Weihnachten zu überstrahlen. In solchen Zeiten erweist es sich eigentlich erst, was es bedeutet, eine Vergangenheit und inneres Erbe zu besitzen, das von dem Wandel der Zeiten und Zufälle unabhängig ist... Ich glaube, wer sich im Besitze solcher Kraftreserven weiß, braucht sich auch weicherer Gefühle, die meiner Meinung nach doch zu den besseren und edleren der Menschen gehören, nicht zu schämen, wenn die Erinnerung an eine gute und reiche Vergangenheit sie hervorruft. Überwältigen werden sie denjenigen nicht, der an den Werten festhält, die ihm kein Mensch nehmen kann.«[17]

Antonovsky war der Überzeugung, daß Ressourcen wie Freundschaft, Liebe und Phantasie, Spiel, Motivation und als sinnvoll empfundene Aufgaben und Herausforderungen entscheidend für die Entfaltung von Gesundheit und somit für das zugrunde liegende Kohärenzgefühl sind.

Gelingt es zum Beispiel einem Kind, die Selbstverneinung und das Sich-selber-immer-viel-blöder-finden-als-die-andern zu überwinden, indem es lernt, zu sich zu stehen, weil auch der Lehrer und die Eltern zu ihm stehen, so ist ein entscheidender Baustein für sein Kohärenzgefühl errungen, wohingegen Eltern, die zwar »alles« für ihre Kinder tun, oft nicht merken, daß den Heranwachsenden die Lebensräume zur Entwicklung ihres Eigenseins fehlen, oder Lehrer, die keinen echten inneren Kontakt zum Schüler aufbauen können, der Ausbildung des Kohärenzgefühls entgegenwirken.

Widerstandsressourcen – Gesundheitsquellen des Geistes

Schließlich ist entscheidend – und das ist heute das Schwerste, was zu lernen ist –, sich im Geistigen Widerstandskraft, Widerstandsressourcen aufzubauen. Damit meint Antonovsky Quellen, innere Kraftreserven, die einen widerstandsfähig sein lassen, wenn außergewöhnliche Belastungen auf einen zukommen.

Wie viele Menschen gibt es gegenwärtig, die in Depression verfallen, weil sie das Vertrauen in die Entwicklung, in Gott und Menschen verloren haben. Die Grausamkeiten und Gewalttätigkeiten, Korruption, Kriege und Katastrophen, über die permanent berichtet wird, sind für Menschen, die mitdenken und mitfühlen, kaum noch zu ertragen. Oft sind Krankheit, Drogen oder Medikamentenmißbrauch die Folge oder Verzweiflungstaten wie das Erschießen der eigenen Eltern und Lehrer sowie Terror bis hin zu Selbstmordattentaten, in die noch andere Menschen mit hineingerissen werden. Hier muß eine Weltanschauung aufgebaut werden, die das Böse, das Destruktive verstehen und verarbeiten hilft. Hans Jonas (1903-1984), ein jüdischer Philosoph, Zeitgenosse und Kollege von Aaron Antonovsky, hat die Ethikdebatte des 20. Jahrhunderts entscheidend beeinflußt mit seinem »Prinzip Verantwortung«. Eine humanistisch geprägte, auf Menschenwürde setzende Verantwortung steht im Mittelpunkt seiner Philosophie.

Hans Jonas´ Mutter war in Auschwitz in den Gaskammern ums Leben gekommen. Für ihn als gläubigen Juden war das unfaßlich. Denn nach der jüdischen Tradition lebt Gott in der Geschichte, er wirkt in der Geschichte und begleitet die Menschheit im historischen Prozeß. Gott wird sozusagen durch die Geschichte erfahrbar und straft keine Gerechten.

Nach den Ereignissen in Auschwitz konnte Jonas nur fragen: Wo war Gott, als Auschwitz geschah? Hat er sich vom jüdischen Volk, ja von der Menschheit abgewandt und sie verlassen? Hat es Gott für sie nie wirklich gegeben? Oder aber hat er sein Verhältnis zur Menschheit geändert? Hat Gott im Zuge der Menschheitsentwicklung auch seine Beziehung zur Menschheit weiterentwickelt? Auf dem Wege solcher Fragen gelangte Jonas zu einem prozeßhaften, evolutionären Gottesbegriff. Es ist dies nachzulesen in seinem Buch »Der Gottesbegriff nach Auschwitz«. In diesem Werk stellt er die Frage: Kann Gott noch allmächtig und allweise sein, nachdem der Holocaust geschehen konnte? Und er stellt fest, daß – wenn Gott hinfort noch existent ist – er mit Bezug auf den Menschen nicht mehr allmächtig und weise sein kann, auch wenn er es in alten Zeiten war. Wäre er es heute, der Holocaust wäre nicht geschehen. Allweisheit und Allmacht hat er offensichtlich in hohem Maße jetzt dem einzelnen Menschen und der Menschheit zugeteilt – ihm die Chance gegeben, in Freiheit sich für das Gute zu entscheiden, aber auch die Möglichkeit, zu irren und auf Abwege schlimmster Art zu geraten. Der Mensch selbst muß lernen, Verantwortung zu übernehmen, muß wissen, was er tut. Er ist für seiner Hände Werk verantwortlich, nicht Gott. Auschwitz war Menschenwerk. [18]

Jonas entdeckt den Bereich der Mitte als den Bereich des eigentlich Menschlichen. Es ist der Bereich des Herzens, des Gewissens und der Liebe, der mit der Freiheit des Menschen und mit seiner selbständigen Erkenntnis vereinbar ist. Nur in diesem Bereich ist ein stabiles Verhältnis zwischen Mensch und Gott vom ersten Tag der Schöpfung an bis zum heutigen Tag möglich. Nur hier ist fraglose Kontinuität in der Mensch – Gott-Beziehung gegeben. Wissen und Macht können geteilt und mißbraucht werden. Sie dienen dem Menschen zur Entwicklung seiner Urteilsfähigkeit, seines Selbstbewußtseins und vor allem: von Verantwortung im Bewußtsein seiner Freiheit. Demgegenüber gilt für die Liebe, daß sie *ist*. Sie charakterisiert den ewigen Wesenskern des Menschen, mit dem Gott verbunden bleibt – auch in Auschwitz. Gott ist die Liebe. Dieser Gott konnte in Auschwitz sein und den Menschen beistehen. Diese Liebe entwickelt sich nicht, sie lebt nicht in der Zeit, sie hat Dauer – sie ist. Sie ist Gnade, Geschenk, Wesensbeziehung, die sogleich in Überfülle da ist, wenn man sich dieser Liebe nicht schämt, sondern sie zuläßt, sie wahrhaben will.

Dieser »Gottsbegriff nach Auschwitz« hat Jonas´ Gottesbild gerettet. Dieser Gottesbegriff ist aber zugleich auch das allerstärkste salutogenetische Prinzip des sein Selbst bejahenden, sich selbst wollenden, sich in Gott wiederfindenden Menschen-Geistes. Mit diesem salutogenetischen Prinzip wird es möglich, Chaos, Schrecken und Traumatisierungen durchzustehen. Mit ihm allein hing das Überleben-Können beim Holocaust zusammen.

Auch Viktor Frankl (1905-1997), Professor für Neurologie und Psychiatrie, ist Zeuge der Abgrunds- und Wiedergeburtserfahrung der menschlichen Natur. Er schildert in seinem Buch »...trotzdem Ja zum Leben sagen« [19], wie er das Konzentrationslager erlebt und überstanden hat. Er kehrte aus der Hölle zurück in seine Vaterstadt Wien, hatte seine Eltern, seinen Bruder, seine Frau, er hatte alles verloren. Dennoch war er frei von jeglichem Impuls der Rache, der Vergeltung.

Sein Buch ist ein erschütternder Bericht über eine jahrelange Zeit unmenschlicher Behandlung, geprägt von Hungerqualen, Kälte, harter Arbeit und Schikanen und vor allem unbeschreiblicher Hoffnungslosigkeit, weil kein Ende dieser Zeit absehbar war, wohl aber immer der täglich mögliche Tod vor Augen stand.

Frankl zeigt uns, welch unerwartet große Kräfte in solch extremen Situationen geweckt werden können. Er fragt sich eines Tages, ob es nicht eine geistige Freiheit gibt angesichts all der äußeren Zwänge und brutalen Zeichen der Macht. Er entdeckt die innere Macht der Freiheit, die darin liegt, selbst zu entscheiden, wie man sich zu den Ereignissen des Lebens stellen möchte – auch in der Hölle. Ihm wird klar, wie unwahr es ist, den Menschen so anzusehen, als sei er das Produkt der Gene, seines Milieus und all seiner bisherigen Konditionierungen und Konventionen. Er kommt zu der Erkenntnis, daß man dem Menschen im Konzentrationslager zwar alles nehmen kann, nur nicht die letzte menschliche Freiheit, sich zu den gegebenen Verhältnissen so oder so einzustellen – und jeder Tag im Lager gab tausendfältige Gelegenheit, diese innere Entscheidung zu vollziehen: so oder so. Damit war ihm der Rückzug aus der schrecklichen Umwelt und die Einkehr in ein Reich geistiger Freiheit und inneren Reichtums gegeben.

Grundsätzlich, so sagt er, kann jeder Mensch – auch noch unter solchen Umständen – irgendwie entscheiden, was im Lager letztlich aus ihm wird: ein typischer »Kzler« oder ein Mensch, der auch hier noch Mensch bleibt und die Menschenwürde bewahrt.

Auch bei manchen Mithäftlingen beobachtete er die Tendenz zur Verinnerlichung, die dort, wo sich die Gelegenheit bot, zu intensivstem Begegnen und Erleben von Kunst oder Natur führen konnte. So konnte es sein, daß der eine oder andere den neben ihm schuftenden Kameraden aufmerksam machte, wie zwischen den Baumstämmen gerade die untergehende Sonne hindurchleuchtet – wie auf dem bekannten Aquarell von Dürer. Oder sie erkennen mit einer plötzlichen Ergriffenheit die vielgestaltigen und sich stets wandelnden Wolken, die den Himmel beleben und in überirdische Farben getaucht sind. Aus solchen Eindrücken schöpfen sie Kraft. Die Intensität des Erlebens kann die Umwelt und die ganze furchtbare Situation für heilige Momente vergessen machen. Frankl staunt selbst, wie die Gesichter der Kameraden vor Entzücken strahlen, als sie durch die vergitterten Luken eines Gefangenentransportwagens auf der Bahnfahrt von Auschwitz in ein bayrisches Lager auf die Salzburger Berge hinausschauen, deren Gipfel gerade im Abendrot leuchten. Menschen, die praktisch mit ihrem Leben abgeschlossen hatten, waren trotzdem – oder gerade deshalb? – hingerissen von dem jahrelang entbehrten Anblick der Schönheit der Natur, hinter der sie den Schöpfer ahnen konnten.

International und allgemein menschlich ist diese Erfahrung. Sie verbindet fremde und lang bekannte Menschen unauflöslich. Sie kann aber auch die inneren Kräfte zum stärksten Widerstand aufrufen.

Alexander Solschenyzin (*1918) beschreibt in seinem »Archipel Gulak«, wie er in dem Augenblick, als ihm ein russischer Soldat mit seinem dreckigen Stiefel gerade ins Gesicht treten will – er liegt am Boden –, die Kraft hat zu denken: Du kannst nur meinen Leib zerstören, an meinen Geist kommst du nicht heran!

Die stärkste Widerstandsressource ist die Gotteserfahrung und mit ihr das Identitätserleben, das Erleben des eigenen Ich als ewiges Wesen in seiner gewollten Ursprünglichkeit.

Auch Abraham H. Maslow (†1970) kommt zu diesem Resultat. [20] Er gehörte zusammen mit Carl R. Rogers und Erich Fromm zu den Begründern und wichtigsten Vertretern der Humanistischen Psychologie in der Mitte des 20. Jahrhunderts. Seine Motivationstheorie, die das menschliche Handeln aus gestuften Bedürfnissen heraus erklärt, geht von einem ganzheitlichen positiven Menschenbild aus. Die humanistische Psychologie hat die Tore für die Erforschung all jener psychologischen Phänomene geöffnet, die man transzendental oder transpersonal nennt. Zu solchen Phänomenen zählt Maslow nicht nur die höheren und positiveren Zustände des Bewußtseins und der Persönlichkeit, sondern auch eine Konzeption von Werten und ewigen Wahrheiten als Teil eines erweiterten Selbst.

Bei seinen Forschungen machte er sich zunächst auf die Suche nach der psychologischen Gesundheit. Dazu wählte er als Versuchspersonen außerordentlich gesunde Menschen, »das gesündeste Ein-Prozent der College-Bevölkerung«. Kriterium für die Auswahl war die »positive Evidenz von Selbstverwirklichung, das man als die volle Anwendung und Nutzung der Talente, Kapazitäten und Fähigkeiten beschreiben könnte«. Solche Menschen scheinen sich selbst zu erfüllen und das Bestmögliche zu tun, dessen sie fähig sind. Alle Versuchspersonen fühlten sich sicher und angstlos, akzeptiert, geliebt und liebevoll, achtungswert und geachtet und hatten ihre philosophischen und religiösen Anschauungen für sich weitestgehend geklärt.

Bei Maslow findet sich eine eindrucksvolle Beschreibung gemeinsamer Merkmale, durch die sich gesunde Menschen auszeichnen. Einige davon seien hier zusammengefaßt:

Seelisch gesunde Menschen besitzen:

- Eine gute Wahrnehmung der Realität, die Fähigkeit, sich selbst, Menschen und Sachverhalte adäquat zu beurteilen;
- Sie können sich selbst, andere und die Natur akzeptieren und haben eine Abneigung gegen Imagepflege und jede Form von Unwahrheit.
- Sie sind natürlich, spontan, einfach, bescheiden;
- Sie sind problemorientiert und nicht ich-orientiert;

- Sie können ohne Unbehagen einsam sein, haben ein Bedürfnis nach Privatheit;
- Sie besitzen eine unverbrauchte Wertschätzung und können dem Leben mit Ehrfurcht, Freude, Staunen begegnen;
- Sie wurden von mystischen Erfahrungen geprägt;
- Sie besitzen Gemeinschaftsgefühl, haben eine demokratische Charakterstruktur und eine starke ethische Veranlagung;
- Ihr Humor ist philosophisch, nicht feindselig – sie lachen nicht über das Verletzende der Witze, sondern haben Freude am Witz selbst;
- Sie sind kreativ.

Aus salutogenetischer Sicht kann man sagen: Diese Menschen verfügen über ein außerordentlich gutes Kohärenzgefühl.

»Unsere gesunden Versuchspersonen sind im allgemeinen vom Unbekannten nicht bedroht und nicht verängstigt und unterscheiden sich darin beträchtlich vom Durchschnittsmenschen.«

Selbstverwirklichende Menschen, wie Maslow seine Versuchspersonen bezeichnet, haben die wunderbare Fähigkeit, Erfahrungen und Begegnungen immer wieder neu mit Ehrfurcht, Freude, Staunen und sogar Ekstase hochzuschätzen. Für solche Menschen können auch der normale Arbeitstag, die täglichen Geschäfte immer wieder aufregend und spannend sein.

Da tauchen dann auch Begriffe auf wie »Glaube an Gott«, »Glaube an einen Menschen«, eine tiefe, fraglose, verbindliche Freundschaft. Das sind innerste Bezüge zur Welt und ihrem wahren Grund: der Liebe.

Maslow hat bei seinen Versuchspersonen aber auch entdeckt, daß es nicht nur der Glaube an Gott war, der diese Menschen erfüllte, sondern fast alle hatten Gotteserfahrungen gemacht, innere Durchbrüche erlebt, Höhepunktserlebnisse, Transzendenzerlebnisse, ein Berührtsein von einer geistigen Wirklichkeit. Diese metaphysischen Hocherlebnisse bezeichnet er als »Peak Experiences«. Das kann ein einmaliges Erlebnis sein, es können aber auch mehrere Erlebnisse sein oder regelmäßig durch ein meditatives Leben herbeigeführte Geistberührungs-Erlebnisse; jedenfalls Erlebnisse, die dieses Gottesbewußtsein oder diesen Glauben zu stärken und zu kräftigen in der Lage sind. Diese mystischen Erfahrungen waren Gefühle des grenzenlosen Horizonts, der sich dem Blick öffnet, das Gefühl, gleichzeitig mächtiger und zugleich auch hilflos zu sein, das Gefühl größter Ekstase und Ehrfurcht und großen Staunens, der Verlust des Gefühls für die Stellung in Raum und Zeit und schließlich die Überzeugung, daß etwas äußerst Wichtiges und Wertvolles geschehen war, so daß sie sich sogar in ihrem täglichen Leben durch diese Erfahrungen verwandelt und gestärkt fühlten.

Und so wurde dieser geistige Bereich aller Vernunft zum Trotz in seine humanistische Psychologie einbezogen. Denn Maslow bekennt freimütig, daß er zuvor ein ganz normaler, materialistischer Wissenschaftler gewesen sei. Für ihn wären spirituelle Erfahrungen etwas gewesen, was er allenfalls mit Psychopathologie in Verbindung gebracht oder dem Privatleben zugerechnet hätte. Aber die Menschen, die ihm von ihren Erfahrungen berichtet haben, waren nicht krank, sondern eben in jeder Hinsicht gesund, ja die Gesündesten, die er finden konnte! Das brachte ihn zum Umdenken. Er hat dieses Phänomen dann gründlich erforscht und kam somit auf rein empirischen Wegen zu einem völlig neuen, für ihn dann auch bewegenden spirituellen Verständnis dieser göttlichen Dimension beziehungsweise dieses höheren Selbst im Menschen.

Die Bedeutung des kindlichen Spiels am Beispiel von »flow«

Der amerikanische Psychologe und Philosoph Mihaly Csikszentmihaly fühlte sich durch die psychologische Literatur zur Selbstverwirklichung und die »Peak Experiences« sehr animiert. Er fand bei Maslow detaillierte Beschreibungen subjektiver Gefühlszustände, wie sie ihm in Interviews von Künstlern, aber auch Bergsteigern und Chirurgen und schließlich einfachen Bauern und Handwerkern während ihres Tuns berichtet worden waren. Er prägte für seine Forschungsergebnisse einen Begriff, den man inhaltlich dem gesunderhaltenden Kohärenzgefühl gleichsetzen könnte. Es ist der Begriff »flow«. [21] Damit ist etwas gemeint, was die Qualität des Fließens besitzt. Es ist ein Fließen von einem Augenblick zum nächsten, in das der Betreffende eingebettet ist, wobei er im besten Falle Meister seines Handelns ist und kaum eine Trennung zwischen sich und der Umwelt, zwischen Stimulus und Reaktion oder zwischen Vergangenheit, Gegenwart und Zukunft verspürt. Csikszentmihaly beschreibt damit einen Zustand, in dem der Mensch sich vollkommen glücklich und in Harmonie mit sich und der Welt befindet. Gemeint ist aber nicht Glück im Sinne von Genuß, sondern Glück durch eigene Tätigkeit. Ist jemand deshalb tätig, weil er sich durch die in der Tätigkeit erfahrene Freude motiviert fühlt, wird sein Selbstvertrauen ebenso gestärkt wie seine Zufriedenheit und sein Gefühl der Solidarität mit anderen.

Wie kann man es nun erreichen, bei seinem Tun flow zu erleben? Um dies zu erklären, wendet sich Csikszentmihaly zunächst der Betrachtung des Spiels zu. »Wenn der Mensch spielt, ist er im Vollbesitz seiner Freiheit und Würde. Wenn wir herausfinden könnten, was das Spielen zu einer derart befreienden und belohnenden Aktivität macht, kämen wir in die Lage, dieses Wissen auch außerhalb des spielerischen Rahmens anzuwenden.«

Spielend ist das Kind sowohl »ganz bei der Sache« als auch ganz bei sich – wie selbstvergessen erlebt es sich eins mit seinem Tun. Ein so völliges Eintauchen in freudiges Erleben und Tun findet sich sonst nur bei Künstlern, zum Beispiel bei Musikern und Malern. Csikszentmihaly stellt sich nun die Frage, ob nicht jedermann unter geeigneten Bedingungen solches erleben kann. Wäre letzteres der Fall, dann könnten auch sogenannte langweilige Alltagsaufgaben in erfreuliche und sinnvolle Aktivitäten umgewandelt werden. Nachdem er Menschen in den unterschiedlichsten Lebenssituationen interviewt hat, die intensive Sinneserlebnisse hatten, indem sie sowohl spielerische als auch ernsthafte Aktivitäten betrieben, kommt er zu dem Schluß, »daß jede Aktivität innerlich lohnend sein kann, vorausgesetzt, sie ist passend strukturiert und unsere Fähigkeiten sind ihren Herausforderungen angepaßt. Unter diesen optimalen Bedingungen haben wir auch an der Arbeit Freude und sogar an Gefahren und Streß.« Wenn es generell möglich ist, daß Aktivitäten als solche für den Ausführenden befriedigend sind, müßten daraus Hinweise auf eine Motivationsform gewonnen werden können, die zu einer wichtigen Kraftquelle der Menschheit werden können.

Csikszentmihaly versucht bei seinen Untersuchungen genau zu verstehen, wie Menschen sich fühlen, wenn sie große Freude empfinden. Die besten Momente ereignen sich gewöhnlich dann, wenn Körper und Seele bis an die Grenzen angespannt sind, in dem freiwilligen Bemühen, etwas Schwieriges und etwas Wertvolles zu erreichen und dies dann auch zu schaffen. Als bildhaftes Beispiel schildert er den Augenblick, wie sich ein Kind fühlt, wenn es »mit zitternden Fingern die letzten Klötze auf einen Turm legt, der höher als jeder andere ist, den es bislang gebaut hat«. Für jeden Menschen gibt es unzählige Gelegenheiten, über sich selbst hinauszuwachsen. Man muß nur einmal darauf aufmerksam werden und sich dann Bedingungen stellen.

In unserer Gesellschaft ist die Meinung weit verbreitet, daß Geld und Status Glück bedeuten. Dabei ist das Bestreben, materielle Güter zu erwerben, größtenteils eine Motivation, die heute im Zuge der kulturellen Sozialisation gelernt wird. Wenn es aber nur noch um das Finanzielle und den äußeren Status geht – was schon damit anfängt, daß Kinder beispielsweise um der Noten willen lernen oder wegen der Anerkennung durch Lehrer oder Eltern oder damit sie spätere größere Erfolgsaussichten haben –, dann lernen sie nicht, an den gestellten Aufgaben, an der Sache selbst Freude zu haben.

Menschen, die in ihrem Tun aufgehen und die Tätigkeiten um ihrer selbst willen ausführen, ohne Anreize wie Geld, Status, Macht oder Prestige, schildern Csikszentmihaly fast übereinstimmend, daß sie dabei das Gefühl haben, die Grenzen des Selbst dehnten sich aus. Gleichzeitig empfinden sie eine harmonische Einheit mit allem, was sie umgibt. Es sind ebensolche spirituellen Erfahrungen wie die von Maslow geschilderten. Es sind aber auch Beschreibungen, die deutlich machen, wie Kinder – wenn man sie denn wirklich Kinder sein läßt – über Anlagen und Motivationen zum Tätigsein verfügen, die, wenn diese im Erwachsenenalter auf höherem Bewußtseinsniveau wieder entdeckt werden, zu wahren Lebenshöhepunkten führen. Sie zeigen, wie zutiefst wahr es ist, was Friedrich Schiller formulierte: »Der Mensch ist nur da ganz Mensch, wo er spielt.« [22]

Die menschliche Beziehung als Kraftquelle

Menschen, die in Extremsituationen waren, erzählen immer wieder, wie sie diese Situationen nur dadurch meistern konnten, daß sie sich tief verbunden fühlten mit einem oder mehreren Menschen.

Enge, warme, zuverlässige menschliche Beziehungen – sei es zum Vater, zur Mutter zu Großeltern, Freunden, Geliebten, Ehepartnern – wirken beschützend; man fühlt sich nicht allein, in keinem Augenblick verlassen, sondern ständig von Liebe umgeben oder getragen. Diese Kraft kann auch von einer engen Beziehung zu Verstorbenen ausgehen. Wer diese Kraft erlebt und selbst auch anderen entgegenbringen kann, ist fähig, Widerstand zu leisten gegen widrige Situationen. Er weiß, es lohnt sich zu leben trotz des Alptraums, den er im Moment erlebt. Dieser hat seine Zeit und wird vorübergehen.

Das schildert auch Viktor Frankl in eindrücklicher Weise aus dem Konzentrationslager. An einem bitterkalten Wintermorgen marschieren die Männer in Fünferreihen in der Finsternis durch meterlange Pfützen der Lagerzufahrtsstraße zu ihrem Arbeitseinsatz. Da steht plötzlich das Bild seiner Frau vor ihm.

»Während wir kilometerweit dahinstolpern, im Schnee waten oder auf vereisten Stellen ausgleiten, immer wieder einander stützend, uns gegenseitig hochreißend und vorwärtsschleppend, fällt kein Wort mehr... aber mein Geist ist jetzt erfüllt von der Gestalt, die er in jener unheimlich regen Phantasie festhält, die ich früher, im normalen Leben, nie gekannt hatte. Ich führe Gespräche mit meiner Frau. Ich höre sie antworten, ich sehe sie lächeln, ich sehe ihren fordernden und ermutigenden Blick, und – leibhaftig oder nicht – ihr Blick leuchtet jetzt mehr als die Sonne, die soeben aufgeht.

Da durchzuckt mich ein Gedanke: Das erste Mal in meinem Leben erfahre ich die Wahrheit dessen, was so viele Denker als der Weisheit letzten Schluß aus ihrem Leben herausgestellt und was so viele Dichter besungen haben; die Wahrheit, daß Liebe irgendwie das Letzte und das Höchste ist, zu dem sich menschliches Dasein aufzuschwingen vermag. Ich erfasse jetzt den Sinne des Letzten und Äußersten, was menschliches Denken und – Glauben auszusagen hat: die Erlösung durch die Liebe in der Liebe! Ich erfasse, daß der Mensch, wenn ihm nichts mehr bleibt auf dieser Welt, selig werden kann – und sei es auch nur für Augenblicke –, im Innersten hingegeben an das Bild des geliebten Menschen. In der denkbar tristesten äußeren Situation, in eine Lage hineingestellt, in der er sich nicht verwirklichen kann durch ein Leisten, in einer Situation, in der seine einzige Leistung in einem rechten Leiden – in einem aufrechten – Leiden bestehen kann, in solcher Situation vermag der Mensch, im liebenden Schauen, in der Kontemplation des geistigen Bildes, das er vom geliebten Menschen in sich trägt, sich zu erfüllen. Das erste Mal in meinem Leben bin ich imstande zu begreifen, was gemeint ist, wenn gesagt wird: Die Engel sind selig im endlos liebenden Schauen einer unendlichen Herrlichkeit... Ob der geliebte Menschen noch lebt oder nicht: Ich weiß es nicht, ich kann es nicht wissen (während der ganzen Lagerschaft gab es ja weder Briefschreiben noch Postempfang); aber in diesem Augenblick ist es irgendwie gegenstandslos geworden. Ob der geliebte Mensch lebt oder nicht – irgendwie brauche ich es jetzt gar nicht zu wissen: meiner Liebe, dem liebenden Gedenken, der liebenden Schau seiner geistigen Gestalt, kann das alles nichts mehr anhaben. Wenn ich damals gewußt hätte, meine Frau ist tot, ich glaube, ich hätte ungestört durch dieses Wissen innerlich genau so hingegeben sein können an diese liebende Schau, diese geistige Zwiesprache wäre genau so intensiv gewesen und genau so erfüllend.« [23]

Beziehungen leben und holen sich ihre stärkste Kraft letztlich aus der geistigen Verbundenheit. Daher ist es in der Kindererziehung so entscheidend, daß diese Qualität aufgesucht und gepflegt wird und so den Alltag mitgestaltet und nicht nur in Extremsituationen des Lebens hervortritt.

Gesundheitsquellen erschließen – die neue Aufgabe von Medizin und Pädagogik

»Ein Kind, das in einer Umgebung aufwächst, in der es viele beobachtbare, sich wiederholende Verhaltensweisen gibt, die zwei oder mehr Familienmitglieder einbeziehen und die in vorhersehbarer Regelmäßigkeit im täglichen und allwöchentlichen Familienleben auftreten, ist das gesündere Kind.«

Aaron Antonovsky

Religiosität und Spiritualität

Religiosität ist hier nicht konfessionell gemeint, sondern im Sinne des in jedem Menschen vorhandenen Gefühls, daß es etwas Höheres, Verehrungswürdigeres gibt als er selbst es ist. Die Menschheit als Ganzes steht in einem Weltentwicklungsgeschehen darinnen, nach dem zu fragen und mit dem sich auseinanderzusetzen keinem erspart bleibt, der sich nur ein wenig auf sich selbst und den Sinn des eigenen Lebens besinnt. An Kindern kann man diese Befähigung zum Religiösen besonders deutlich beobachten. Sie bringen alle ein bedingungsloses Vertrauen mit auf die Welt, das an Intensität nur mit tiefster religiöser Hingabe zu vergleichen ist. Was zuerst im wachen, vertrauensvoll suchenden Blick des Säuglings erscheint, wird dann in den folgenden Lebensjahren auch im übrigen Verhalten sichtbar: ein unbefangenes Zugehen auf die Welt, ein hingebungsvolles Aufnehmen und Nachahmen alles dessen, was im Umkreis geschieht. Daraus spricht ein tief berührendes »Urvertrauen« und die grenzenlose Erwartung, daß der Erwachsene alles für einen tun wird, was nötig ist.[24]

Die kleinen Kinder verhalten sich so, als sei die Welt durch und durch gut, vertrauenswürdig und nachahmenswert. Dann wenden die Eltern oft ein: »Muß man dem Kind nicht möglichst bald klarmachen, daß das nicht stimmt? Daß die Welt nicht heil ist, daß man sich schützen, auseinandersetzen und wehren muß?«

Die Frage beantwortet sich von selbst, wenn man den Blick auf die erwartungsfrohen Kinderaugen richtet. Sie sind selbst die Antwort: Das »Augenöffnen« für Not und Unheil der Welt kann erst dann sinnvoll sein, wenn dem Kind die Kräfte für die Bewältigung solcher Probleme erwachsen sind. Ein verfrühtes »Augenöffnen« führt zu Unsicherheit und Schwachheit, zu später nur schwer überwindbaren Zweifeln am Sinn der eigenen Existenz und untergräbt das sich bildende Kohärenzgefühl.

Es gibt gegenwärtig viele Menschen, die der Meinung sind, daß man Kindern eine religiöse Erziehung vorenthalten solle, um sie nicht zu manipulieren und dadurch unfrei zu machen. Wer jedoch in der Kindheit nicht Qualitäten wie Verehrung, Ehrfurcht und Andacht erleben durfte, ist dadurch zu Unfreiheit in bezug auf das Religiöse erzogen worden. Er weiß nicht, daß ihm wesentliche menschliche Kräfte fehlen – wie sie beilspielsweise den Überlebenden des Holocaust zur Verfügung standen.

Natürlich ist nicht gemeint, daß man Kinder für oder gegen ein bestimmtes Bekenntnis religiös beeinflussen sollte. Gemeint ist, daß man eine verehrungsvolle Stimmung und Haltung übt und diese das Kind miterleben läßt. Das kann auf Spaziergängen stattfinden, indem man auf die ziehenden Wolken hinschaut, einen Regenbogen, den Tanz von Mücken oder daß man die dicke Hummel bewundert, die auf eine Blüte zutaumelt. Aber auch zu Hause ergeben sich Gelegenheiten, zum Beispiel beim Helfen in der Küche: Siehe da, in der Möhre ist ein schöner Stern versteckt, obgleich sie doch im festen Boden gewachsen ist! Die Blätter im Kohl drängen sich zusammen, als würden sie frieren. Viele kleine Wunder begegnen einem im täglichen Leben und können bestaunt werden, man muß sie nur wahrnehmen. [25]

Ein Gedicht von Christian Morgenstern drückt dieses »Augenöffnen« in schöner Weise aus:

Für viele

Wieviel Schönheit ist auf Erden
unscheinbar verstreut;
möchte´ ich immer mehr des innewerden,
wieviel Schönheit, die den Taglärm scheut,
in bescheidnen alt und jungen Herzen!
Ist es auch ein Duft von Blumen nur,
macht es holder doch der Erde Flur,
wie ein Lächeln unter vielen Schmerzen.

Wenn der Abend mit der täglichen Rückschau abgeschlossen wird, kann noch ein Lied folgen – und vielleicht auch ein Gebet. Kinder lieben das. Das Kind wird ruhig und andachtsvoll – und oft schläft es dabei ein.

Immer neu ist auch der Augenblick des Aufwachens! Da kann man gemeinsam freudig den Tag begrüßen, aus dem Fenster nach dem Wetter schauen – scheint die Sonne, gibt es Wolken, Regen oder Schnee? Vielleicht gibt es auch einen Vogel, der sich immer wieder in der Nähe aufhält oder das Futterhäuschen besucht? Oder ein Eichhörnchen, das im Baum herumturnt?

Eine weitere gute Möglichkeit der religiösen Erziehung bieten die Jahresfeste. Sie können aus dem Familienalltag als besondere Höhepunkte herausragen. Anders als bei Geburtstagen und Familienfesten wird bei den Jahresfesten etwas gefeiert, das vielen Menschen gemeinsam ist, das über das Persönliche hinausweist. Die gemeinsam gestalteten Ereignisse können zu Höhepunkten im Leben der Kinder werden. Sie werden sich im Lauf ihres späteren Lebens gern daran erinnern und selbst auf die Suche gehen nach den empfundenen Werten, die dem Fest die Fröhlichkeit und Stimmung geben können. Das auch dies helfende Kräfte sind, hat Bonhoeffer mit seinem ergreifenden Brief aus der Haft gezeigt.

Entscheidend bei der Festgestaltung ist, daß die Erwachsenen nicht nur einfach für die Kinder etwas »veranstalten«, sondern daß sie dieses Fest auch für sich feiern und sich ihrem Lebens- und Bewußtseinszustand gemäß innerlich um das Motiv des Festes bemühen. Geschieht dies auch nur in Ansätzen, so ist dem Fest die tragende Stimmung schon gegeben, ohne die es nicht festlich werden kann. Hilfreich sind dabei auch die Gewohnheiten und Rituale in Form von bestimmten Liedern, Evangelieninhalten und Festesvorbereitungen, die in jedem Jahr die gleichen sind. Kinder lieben und brauchen solche wiederkehrenden Bräuche für die Pflege ihres Gedächtnisvermögens und ihres Willens, aber auch für das Erleben der Sicherheit stiftenden Kontinuität. Läuft das Fest jedoch routiniert ab, ohne die innere Beteiligung oder Anstrengung der Erwachsenen, dann schwindet die darin enthaltene seelische Substanz, und das Fest wird dürftig und leer.

Wir reichen unsere Hände
und danken für die Spende
der lieben Erde, wo alles wächst,
dem lieben Regen, der's benetzt,
der lieben Sonne, die's bescheint,
dem lieben Gott, der uns vereint.

Johannes Kühn

Ernährung

Insbesondere in Kindheit und Jugend kommt auch der Nahrungsqualität grundlegende Bedeutung für die körperliche und seelische Entwicklung zu. Gesund gewachsene und schonend zubereitete Nahrungsmittel zu verdauen und in körpereigene Substanzen umzuwandeln, erfordert von dem Organismus mehr Anstrengung, als wenn weniger vitale beziehungsweise lang gekochte oder konservierte Lebensmittel aufgenommen werden. Warum? Bei der Verdauung geht es nicht nur um die stoffliche Zusammensetzung der Nahrungsmittel und deren Abbau und Umwandlung in körpereigene Substanz. Es geht auch um die Auseinandersetzung mit der Vitalität der Pflanze, ihrem eigenen Lebens- beziehungsweise Gesundheitszustand und dem der Tiere, die wir essen. Pflanzen sind Lebewesen, Tiere sind bewußtseinstragende Lebewesen. Bei der Verdauung findet daher, je frischer und vitaler die Nahrung ist, auch eine Auseinandersetzung mit den noch in den Substanzen nachwirkenden Lebens- und Seelenkräften der Wesen statt, deren Körperlichkeit wir essen. An der Überwindung dieser Kräfte stärken sich die menschlichen Lebens- und Seelenkräfte. In der geisteswissenschaftlichen Menschenkunde werden diese Lebenskräfte in ihrem Zusammenhang Ätherleib, die Seelenkräfte Astralleib genannt.

Auch der Zusatz von Vitaminen und Spurenelementen sollte nur da vorgenommen werden, wo wirklich Mangel herrscht beziehungsweise der Organismus nicht in der Lage ist, sich die für ihn notwendigen Vitamine und Mineralien selbst aus der Nahrung herauszuholen und aufzubauen. Aktivierung anstelle von Entlastung und Schonung ist das Grundprinzip der gesunden Ernährung.

Dabei wird heute die Frage nach dem Wie von Anbau, Lagerung und Zubereitung der Lebensmittel immer dringender angesichts der Devitalisierung des modernen Menschen, die sich in vielfältiger Neigung zu Ermüdung und Erschöpfung sowie zunehmender Immunschwäche und Allergiebereitschaft zeigt. Um den Organismus in seiner Verarbeitungsmöglichkeit allseitig anzuregen, ist es wichtig, die Nahrungsmittel dementsprechend zu kombinieren, auch hier nicht nur ihrer unterschiedlichen Inhaltsstoffe wegen, sondern der qualitativen Verschiedenheiten wegen, die dadurch zustande kommen, daß Organe von Pflanzen und Tieren spezifisch gewachsen sind. In Japan wirkt heute noch die in altem spirituellen Naturverständnis wurzelnde Auffassung fort, daß eine vollständige Mahlzeit aus Nahrungsmitteln zusammengestellt sein muß, die aus dem Gebirge, von der Ebene und aus dem Meer stammen.

In Europa haben wir die Tradition, Nahrungsmittel verschiedener Pflanzenorgane zu kombinieren: das heißt Wurzel, Stengel, Blatt, Blüte und Frucht. In jedem dieser Pflanzenteile findet während Wachstum und Entwicklung eine besondere Wechselwirkung mit den Kräften der Umgebung statt. Erde, Wasser, Luft, Licht und Wärme wirken nicht nur verschieden gemäß der jeweiligen geographischen Bedingungen, sondern auch spezifisch, je nach dem, wo sich die Pflanzenorgane entwickeln, die wir essen: Unten beziehungsweise in der Erde als Wurzeln, über der Erde als Blätter und Stengel und in Wasser, Luft und Licht als Blüte und Frucht mit besonderer Beziehung zu Licht und Wärme. Die Mühe, die es macht, Gesichtspunkte dieser Art mit einzubeziehen und durch den Kauf von Nahrungsmitteln den Anbau und eine Tierhaltung zu fördern, die auch der Gesundheit des Bodens dienen, hat ihren Lohn in einem nachhaltigen Beitrag zur Gesundung von Mensch und Natur.

Zu empfehlen ist in der Kleinkinderzeit eine lacto-vegetabile Kost, im übrigen Kindesalter eine den individuellen Bedürfnissen angepaßte, abwechslungsreiche, Kost – in bezug auf Eiweißarten nicht zu reichlich.[26]

»Spiel, Berührung und Zuwendung drücken in unendlicher kultureller Vielfalt aus: du bist uns wichtig!«

AARON ANTONOVSKY

Spiel und Beschäftigung

Spiel ist für das Kind Arbeit, Beschäftigung, sinnerfülltes Leben – alles, nur nicht »Spiel«. Was für den Jugendlichen und Erwachsenen Entspannung, Ausgleich von Streß oder fröhlicher Zeitvertreib ist, ist für das Kind Fähigkeitsbildung an Leib und Seele mit Hilfe geeigneter, die altersentsprechende Entwicklung fördernder Materialien. Auch hier gilt: Eigenaktivität bildet an der für später so notwendigen Autonomie.

Selber tun, eigene Erfahrungen machen, Dinge und Eigenschaften kennenlernen, Aktivierung des eigenen Vorstellungsvermögens: der kreativen Phantasie. All das muß heute bewußt geplant und dem Kind ermöglicht werden. Denn »normal« ist etwas anderes: Software-Angebote ab dem Säuglingsalter, möglichst viel Technik, Vorgefertigtes, vom Kind zu Bedienendes. Das Zuschauer- und das Manipulierbewußtsein werden gefördert, nicht jedoch die Eigentätigkeit und echte Begegnung und Auseinandersetzung mit der realen Welt. Anstatt die Kinder von einem Programmpunkt zum nächsten zu schleusen, ist es heute die Aufgabe, ihnen Zeit zu geben, ihre Interessen und Fähigkeiten zu entdecke und zu artikulieren.

Waren dann die Stunden von intensiven Beschäftigungen geprägt, natürlich auch von Hektik und dem oft unvermeidlichen Stress, so ist es äußerst hilfreich, wenigstens einmal am Tag – zum Beispiel am Abend vor dem Schlafengehen – eine Begegnung mit dem Kind zur Regel zu machen, wobei die drei Kernfragen wichtig sind:

- Wie geht es dir?
- Wie war es heute?
- Wie soll es morgen weitergehen?

Wie wohltuend ist es für das Kind, wenn Tag für Tag alles, was sich ereignet hat oder was das Kind beschäftigt hat, besprochen und, wo möglich, aufgearbeitet werden kann. Gelingt dies, ist dem Kind nicht nur eine gute Gewohnheit mit auf den Weg gegeben, sondern auch ein zentraler Baustein für eine Ethik der Beziehungspflege. Wer gelernt hat, keinen Streit unaufgelöst mit in die Nacht zu nehmen, dem steht eines der wesentlichsten Mittel sozialer Gesundheit zur Verfügung.

Die »Rückschau« auf den Tag ist nicht nur etwas, was Rudolf Steiner als Schulungsweg für die bewußte Seelenentwicklung empfiehlt, sondern vielmehr auch ein weitreichendes, das soziale Leben förderndes salutogenetisches Prinzip.

Man kann schon im Säuglingsalter anfangen, das zu üben. Man setzt sich, bevor das Kind dann sozusagen

»in die Nacht entlassen wird«, an das Bettchen und fragt sich: Wie war denn heute unser Tag? Man kann mit dem Abend beginnen und die Geschehnisse bis zum Morgen rückwärts ins Gedächtnis rufen, man kann aber auch mit dem Morgen beginnen, das spielt zunächst keine Rolle.

Man kann sich auch fragen: Was war heute das Schönste am Tag? Was hat uns heute den meisten Kummer gemacht? Man läßt es nochmals an sich vorüberziehen, und das, was schwer zu verkraften war, versucht man mit dem größeren Kind dann vielleicht in Form von Fragen ein bißchen aufzubereiten und sich dann zu sagen: Was kann man vielleicht daraus lernen? Wozu war es vielleicht auch gut?

Im Märchen ist oft der Dummling derjenige, dem am Schluß das Glück in den Schoß fällt, weil er etwas, das ihm unterwegs begegnet, mitnimmt mit dem Gedanken: Wer weiß, wozu das gut ist! Er weiß es zunächst gar nicht. Kann man so nicht auch mit dem umgehen, was der Tag gebracht hat und was man vielleicht furchtbar findet oder dumm oder ungerecht oder mit der Frage beklagt: Warum ich, warum nicht der?

Man sollte dann eben versuchen zu fragen: Warum geschah es mir? Was hat es vielleicht doch mit mir zu tun? Welche Botschaft hat das Ereignis für mich? Was will es mich lehren? Wer weiß, wozu das gut ist? Das Leben zeigt uns oft, daß etwas, das in einem bestimmten Lebensalter Streß war, dann fünf, zehn oder fünfzehn Jahre später Erfahrung, Weisheit geworden ist, aufgrund derer man anderen Menschen beistehen kann oder die einen das Leben viel ruhiger betrachten läßt.

Die Ereignisse im täglichen Leben bleiben nicht so, wie sie im ersten Moment erscheinen. Das zeigt sich, wenn man ein bißchen offen ist und versucht, sie auf dem Hintergrund des Entwicklungsgedankens aus der Distanz zu betrachten. Das wird natürlich in vielen Fällen nicht sofort gelingen, kann aber dennoch ein hilfreicher Gedanke sein. Es trägt zum Aufbau des Kohärenzgefühls bei, und dies sollte vom Babyalter an wichtig genommen werden.

Was oft im späteren Leben als Therapie notwendig wird, um Menschen zu helfen, miteinander in Kontakt zu treten, miteinander zu reden, einander ernst zu nehmen und auszuhalten, wird hier selbstverständlich veranlagt und kann dann auch zur Gewohnheit werden, später mit dem Lebenspartner Gespräche zu führen, die helfen, daß nichts Wesentliches liegen bleibt, sich nichts anstaut oder unverarbeitet »rumort«.

> ***Märchen, die die Mutter dem Kind erzählt, immer wieder erzählt hat, bilden ein Ferment unseres Gemütslebens. Sie wirken befruchtend in jenen Seelengründen, aus denen später Lebenshoffnungen aufsteigen und Ideale geboren werden.***
>
> RUDOLF MEYER

Erzählen und Vorlesen

Neben Spiel und Gespräch sind Vorlesen und Erzählen von Märchen entscheidende Ressourcen, die ihre salutogenetische Bedeutung auf unterschiedliche

Weise im Lauf des Lebens zeigen. Nicht nur der differenzierte Wortschatz, die bilderreiche Sprache und die Inhalte, die stets Entwicklungs- und Lebenswahrheiten in knapper Folge zusammengefaßt darstellen, sind es, sondern vor allem das, was sich zwischen dem, der spricht, und dem, der zuhört, abspielt. Im Zuhören öffnet sich das Kind und ist – wenn mit Anteilnahme am Geschehen erzählt wird – »ganz Ohr«. Aufmerksamkeit, Interesse, Konzentration werden geübt und im Wiedererzählen und Hören derselben Geschichte – was Kinder unter fünf Jahren ganz besonders lieben! – wird auch geübt, eine Sache zu vertiefen und mit ihr »zu leben«. Dieser Prozeß der Anteilnahme an gemeinsam Erlebtem fördert zudem in schönster Weise die Beziehung selbst. Dabei ist auch das Gespräch über das eine oder andere Erlebnis im Märchen entscheidend, weil damit die Möglichkeit gegeben ist, an Alltagserlebnisse anzuknüpfen. All dies leistet der »permanente« Erzähler [27] in Form von Radio, Kassette und Fernsehen nicht; nicht einmal die Sprachförderung konnte eindeutig nachgewiesen werden. Denn das Erlernen von Sprache braucht den lebendigen Sprecher. Nicht nur das Kennen von Worten, sondern der verständnisvolle Umgang mit dem Wort machen Sprache zu *dem* Kommunikationsmittel. Alarmierend sind die Artikel in Fachzeitschriften über den Sprachverfall bei Kindern, das Verstummen, ganz zu schweigen von den ständig steigenden Zahlen der Sprachstörungen. [28] Die »permanenten« Erzählern bieten dem Zuhörer im Grunde nicht einmal eine Pause für die eigenen Gedanken. Im Gegenteil, alles Gebotene läuft mit einer kaum nachvollziehbaren Geschwindigkeit ab. Vor allem aber können die »permanenten« Erzähler selbst nicht zuhören! Aber nur die wirklich dialogische Beziehung erweist sich auf Dauer als gesundheitsförderliche Ressource im Unterschied zur bloßen Ablenkung, Beschäftigung oder Betäubung eigener Gedanken und Motivationen.

Zum Dialog gehören der Wechsel zwischen Erzählen und Zuhören wie auch das gemeinsame Nachsinnen. Das Kind vertieft sich ganz in das Erzählte, das in inneren Bildern in ihm aufsteigt, es reagiert mit Staunen, Freude oder atemloser Spannung und sagt vielleicht am Schluß: Noch einmal! Oder es räkelt sich glücklich und zufrieden in seinem Bettchen oder in der Kuschelecke des Sofas. Dann ist auch die Situation gegeben für die Anknüpfung eines Gesprächs. War das alles so gut, wie es gewesen ist? Hat hier einer Unrecht getan, ein anderer vielleicht gerade noch einmal Glück gehabt, weil er die Wahrheit gesagt hat?

Wenn man einen Tag so beendet, die Geschehnisse noch einmal an sich vorüberziehen läßt oder das eine oder andere Problem noch einmal etwas anders anschaut und vielleicht noch ein Lied singt – da hat man Musik, da hat man Sprache, da hat man lebhafte Gefühle, menschliche Begegnung, Beziehung, da hat man eigentlich alles, was das Leben schön macht.

Zudem ist der Erwerb einer guten Ausdrucks- und Sprachfähigkeit das beste Mittel zur Vorbeugung aggressiver Neigungen oder Handlungen. Warum? Weil man nicht schlägt, solange man noch miteinander reden kann, und weil man gelernt hat, zuzuhören und den anderen nicht »an die Wand zu reden«. Der Zwischenraum zwischen Menschen wird durch Sprache gestaltbar, der Abgrund zwischen Mensch und Mensch hat eine Brücke, die Bewegung in beiderlei Richtung zuläßt.

Alles deutet darauf hin, daß eine innere und äußere Auseinandersetzung mit den Kräften und Neigungen zum Bösen heute immer mehr zur generellen Zeitaufgabe wird. Allein die Fülle von Grausamkeiten und Destruktivität, die durch Internet, Fernsehen und Videos auf dem Informationsweg verbreitet werden, sorgen dafür, daß sich all dem kein zum Selbstbewußtsein erwachter Mensch entziehen kann. Entsprechend dringlich ist es, daß jeder einzelne entdeckt, was er tun kann, den eigenen Neigungen zur Destruktivität zu begegnen. Wo sitzt denn der Drache, von dem die Märchen erzählen? Wer sind »die wilden Tiere«? Was ist die Zauberkraft des Willens, der verändern, verwandeln kann? Es sind doch alles Bilder, die die Sprache bereithält, um unsere eigenen Seelenregungen und Motivationen zu erkennen und sich die wortlosen Abgründe der unbewußten Seelentiefen im Guten wie im Schlechten bewußt zu machen

Wer das Böse – auch in sich – erkennt, ist weniger in Gefahr, ihm zu folgen oder zu verfallen. Die Chance wächst, im Erkennen und Überwinden des Bösen die Möglichkeiten zu entwickeln, das Gute, Liebevolle und Wahre zu tun. Ein altes chinesisches Sprichwort sagt: Es gibt nur zwei Wege, um weise zu werden – durch Einsicht oder durch leidvolle Erfahrung. Beide Wege bedürfen aber der Worte, um sich mit sich selbst und anderen darüber verständigen zu können.

Überforderung und Unterforderung

Kinder brauchen die ihrem Lebensalter und Entwicklungsstand gemäßen Herausforderungen.[29]

Im Gegensatz dazu suggeriert die Werbebranche gern ein Leben ohne Probleme, gestützt durch vieles, was die Medien täglich verbreiten. Eltern sind daher oft schnell geneigt, ihrem Kind alles abzunehmen.[30] Außerdem möchte man natürlich, daß das Kind es gut hat. Man hat ständig die Trinkflasche bereit, hilft den Kleinen beim Aufräumen, spendiert noch ein Eis. Im Supermarkt, wo die entsprechenden Verlockungen in Kinderaugenhöhe gelagert sind, greifen sie zu und bekommen das Gewünschte, damit sie mit ihrer Quengelei aufhören. Später hilft man ihnen bei den Hausaufgaben, sobald sie ein bißchen stöhnen. Und bei all dem Einsatz erfahren die Eltern allzumeist keinen Dank, eher noch weitere Forderungen der »leidenden« Kinder. Man macht sie dadurch tatsächlich zu ewig Hilfsbedürftigen! Wer Hilfe braucht, geschont werden muß, ist schwach; wem dagegen etwas abverlangt wird, dem traut man Leistung zu, der ist der Tüchtige, der zu Bewundernde!

Während das Mitfühlen ein beruhigendes, stärkendes Begleiten ermöglicht, kann das Mitleiden die situationsgerechte Begleitung behindern. Durch falsches Mitleid wird dem Kind dabei die notwendige Orientierung versagt. Denn letztlich ist ja unser Vorbild das wirkungsvollste Erziehungsmittel. Was wir ganz selbstverständlich tun, ohne große Reden oder Erklärungen, können die Kinder ungestört aufnehmen und nachahmen, was ja in ihrem Naturell liegt. Auch helfen sie gern, wenn man sie läßt. Es lohnt sich, selbst wenn es mehr Zeit kostet oder die ersten Male noch nicht so recht gelingt. Kinder fühlen sich wichtig und ernst genommen, wenn sie in der Küche etwas schnibbeln dürfen oder den Auftrag bekommen, den Müll hinauszutragen oder etwas zu holen, was nötig ist.

Zum »Fördern durch Fordern« gehört auch, im gegebenen Fall energisch Grenzen zu setzen. Wer Grenzen setzt und Grenzen vertritt, kann Halt und Schutz geben – und diese Aufgabe fällt den Eltern zu. Zu viel Freiraum bedeutet für Kinder eine Verantwortung, der sie nicht gewachsen sind. Mit zu viel Schonung und Gewähren hingegen nehmen wir ihnen die Chance, Verzichten und Warten zu üben.

Eine Basis für das gesunde Gefühl der eigenen Stärke wird geschaffen durch eine Grundeinstellung in der Erziehung, die das normale Gelingen in den Vordergrund stellt, nicht die Höchstleitung oder das Versagen. Es gibt Kinder, die sehr dankbar sind, wenn man ihnen hilft, etwas, was sie nicht können, zu lernen; wenn man ihnen mit dem Vertrauen begegnet: Auch du kannst es, wenn du nur ein wenig mehr übst – und ich helfe dir dabei. Die Aufmerksamkeit für das Tun des Kindes und das Lob für das »normale« Gelingen, die es von Eltern und Erziehern erfährt, sind Kraftquellen, die dem Kind über Widerstände und Hindernisse hinweghelfen.

Allerdings machen es uns unsere eigenen Ängste oft schwer, den Kindern zuzutrauen, was sie können. Allzu gerne nehmen wir ihnen ab, was ihre Selbständigkeit fördern könnte. Andererseits fordern Kinder manchmal selbst provozierend, was sie brauchen, und zwar oft gerade Dinge, die uns eigentlich stören. Sie sind von Lärm, Schmutz, Chaos fasziniert, wollen Neues entdecken und ausprobieren, ihre Kräfte messen. Sie suchen die Herausforderung!

Da Kinder auf Überforderung und Unterforderung mit oft den gleichen Symptomen reagieren, ist es nicht immer leicht, Resignation, Lustlosigkeit, Provokation und Aufbegehren richtig zuzuordnen. Gelingt es, nicht mehr zu fordern, als das Kind leisten kann, stärkt dies das mit dem Leistbaren verbundene Erfolgserlebnis wie auch das Selbstbewußtsein und Selbstvertrauen, macht Mut und bringt Kraft für neue Aktivitäten. Ist das Kind hingegen überfordert, stellen sich Versagensangst und Ohnmachtsgefühl ein.

Es gehört daher zur täglichen Erfahrung zu Hause, aber auch in der Schule, daß Erziehungs- beziehungsweise Disziplinschwierigkeiten immer da auftreten, wo Kinder sich über- oder unterfordert fühlen. [31] Diese Schwierigkeiten äußern sich beispielsweise darin, daß die begabten Kinder zu provozieren anfangen und auffällig werden, weil es ihnen infolge der Unterforderung langweilig wird und sie noch keine andere Sprache haben, dies den Erwachsenen gegenüber zum Ausdruck zu bringen als eben die Sprache der Provokation. Aber auch Kinder mit Lernschwierigkeiten oder Behinderungen beginnen zu provozieren und auffällig zu werden, wenn sie nicht richtig einsteigen und mitmachen können, weil sie eben überfordert sind.

Es ließe sich viel Unheil vermeiden, wenn Eltern und Lehrer die Provokationen und Frechheiten der Kinder nicht persönlich nähmen, sondern als Versuch, dem Erwachsenen etwas zu sagen, was sie nicht anders ausdrücken können. So wie bestimmte Formen der Quengelei, des Heulens oder der Lustlosigkeit nur Ausdruck sind für Übermüdung oder Hunger – jede erfahrene Mutter weiß das –, so sind eben viele der sogenannten schlechten Eigenschaften oder Frechheiten von Kindern eine Form, etwas auszudrücken, wofür dem Kind noch die Worte fehlen und auch entsprechende Gedankenbildungen noch gar nicht zur Verfügung stehen. In der Zusammenarbeit zwischen Eltern und Lehrern kann dann gemeinsam überlegt werden, wie hier Abhilfe zu schaffen ist, beispielsweise dadurch, daß in der Schule ein besonders begabtes Kind neben ein solches zu sitzen kommt, das weniger begabt und dadurch überfordert ist, und dem es nun helfen kann. Dadurch lernt das begabte Kind das, was es schon kann, einem anderen beizubringen – eine nicht leichte Aufgabe, die aber ein Kind sehr beschäftigen und seinen Ehrgeiz in eine menschliche soziale Richtung lenken kann.

Die Schwachbegabten werden leicht dazu neigen, sich als die Schwachen zu fühlen, als diejenigen, die immer versagen und nicht richtig mitkommen, und wenn dann zu Hause oder in der Schule auch noch entsprechende Bemerkungen seitens der Eltern oder Erzieher fallen, lebt das Kind in dem Bewußtsein, daß es nicht dem entspricht, was man von ihm erwartet. Das aber ist

Gift für die Entwicklung eines gesunden Selbstbewußtseins und somit des angestrebten Kohärenzgefühls. Dieses kann sich nur entfalten, wenn das Kind immer – unabhängig davon, was es kann oder nicht kann – erlebt, daß es als Mensch ernst genommen und bejaht wird, so wie es ist, und die notwendige Unterstützung erfährt für einen nächsten Schritt.

Du kannst, was du willst

Nichts stärkt das Selbstvertrauen eines Kindes mehr, als zu erleben, daß es etwas kann. Ein Tag, an dem Kinder ohne das Gefühl von der Schule nach Hause kommen, wieder etwas gelernt zu haben, ist so gesehen ein verlorener Tag. Zu diesem Erleben des eigenen Könnens gehört aber auch, daß der Erwachsene das Erreichte wahrnimmt, es bestätigt, sich darüber freut. Leistungen, für die sich das Kind angestrengt hat, zu übersehen, eine Arbeit, die das Kind gemacht hat, nicht wie versprochen anzuschauen oder aber das Erreichte unzufrieden zu verreißen – all das sind Verhaltensweisen, die zu schweren Kränkungen und darauf basierendem späteren Fehlverhalten führen können. Wer in der Kindheit viele Demütigungen und Vernachlässigungen erfahren hat und diese nicht für sich verarbeiten, im Laufe der Entwicklung zurechtrücken und beruhigen konnte, der neigt im späteren Leben dazu, sich für dieses angetane Unrecht unbewußt-instinktiv zu rächen, indem er es genießt, über andere Macht auszuüben und über Unmündige zu herrschen und nicht selten auch zum Täter zu werden, indem er Gewalt anwendet und sein Verhältnis zum Kind mißbraucht.

Eine andere Gefahr besteht in unsachgemäßen, übertriebenen Beurteilungen. Das Kind weiß selbst recht genau, ob ihm etwas geglückt ist oder nicht. Und so ist es enttäuscht, wenn alles, was es dem Erwachsenen zeigt, mit dem einen gleichbleibenden stereotypen »das hast du aber schön gemacht« belohnt wird. Es erwartet Hilfe und Ansporn für seine Entwicklung. Das Lobenswerte zu loben und das Verbesserungswürdige ehrlich beim Namen zu nennen und nächste kleine Schritte für das weitere Tun und Lernen zu zeigen – das schafft den Ausgleich zwischen den Extremen des übertriebenen Lobes und der nie zufriedenen Nörgelei und Ablehnung. Kann das Kind in dem Bewußtsein leben: Alles, was ich ernsthaft möchte, kann ich lernen, und der Erwachsene hilft mir dabei – so stellt sich ein elementares Freiheitsempfinden ein, das zu weiterer Arbeit motiviert.

Eltern oder auch Lehrer, die sich vor dem Kind stets als die Menschen geben, die alles richtig machen und dem Kind ständig sagen, was es alles nicht kann und wie es dies und jenes besser zu machen hat, erzeugen nicht nur Unlust beim Kind, sondern auch das Verlangen, eines Tages als Erwachsene auch anderen sagen zu können, wo es langgeht. Mensch-Werden bedeutet jedoch, ein Leben lang weiterzulernen und die Entwicklung ernst zu nehmen, vor allem: sich selbst zu sagen, wo es langgehen soll. Das aber bedeutet gerade die Absage an die Illusion der Perfektion und das Offenbleiben für immer neue Entwicklungsschritte und Veränderungen. Daher ist es von unschätzbarem Wert, wenn Kinder an ihren Eltern und Erziehern erleben, daß auch diese selbst noch auf dem Weg sind, daß sie Fehler zugeben und aus ihnen lernen können.

Eine solche Einstellung schafft ein Klima brüderlicher, partnerschaftlicher Verbundenheit und hilft auch, Phantasie zu entwickeln für den nächstmöglichen, wenn auch noch so kleinen Entwicklungsschritt.

Was Kinder stärkt

Im französischen und englischen Sprachraum hat sich im Zusammenhang mit der salutogenetischen Fragestellung der Begriff Resilienz (engl. resilience = Spannkraft, Elastizität) eingebürgert. Gemeint ist damit eine stabile und gesunde Persönlichkeits- und Verhaltensentwicklung, die trotz ungünstiger kindlicher Erfahrungen und Belastungen eingetreten ist.

Langfristige Beobachtungen von Kindern, die schon früh in Armut und chaotischen Familienverhältnissen hatten leben müssen, zeigen, daß erwartungsgemäß der Lebensweg der meisten von ihnen auch entsprechend chaotisch verlief. Einige kamen jedoch erstaunlicherweise ausgesprochen gut über die Runden. Diese Kinder waren trotz ihrer schwierigen Familienverhältnisse »intelligent und selbständig [...] im sozialen Umgang fröhlich, zugewandt und gelöst und bei der Meisterung praktischer Lebensprobleme sachlich, nüchtern und einfallsreich.« [32]

Offensichtlich sind diesen Kindern, die als »verletzlich, aber unbesiegbar« bezeichnet wurden, bereits etliche innere Ressourcen in die Wiege gelegt worden. Zugleich hatten sie jedoch auch das Glück äußerer Ressourcen: Freunde, die prägend waren, Materialien, Landschaften und soziale Freiräume, über die sie ihre Talente spielerisch entfalten konnten. »Mir fielen bei der

Beschreibung dieser Kinder Pippi Langstrumpf und Huckleberry Finn ein«, so Ursula Brucks im Handbuch der Salutogenese. »Die beiden Literaturgestalten Pippi Langstrumpf und Huckleberry Finn verkörpern beispielhaft diejenigen Anteile unseres Fühlens und Handelns, die zum Verständnis von Kreativität und Gesundheit wichtig, jedoch in der medizinischen Wissenschaft bislang weitgehend ausgeklammert sind [...] Unser Wissensverständnis schließt [...] das Spontane, Kreative, Unplanbare und Unbeherrschbare aus. Dies ist von Nachteil für die Medizin wie für jede angewandte Wissenschaft.« [33]

»Was Kinder stärkt. Erziehung zwischen Risiko und Resilienz« [34] ist der Titel einer weiteren Publikation, in der ebenfalls zahlreiche Studien zur Lebensqualität von Kindern ausgewertet sind, aus denen abgelesen werden kann, wodurch Gesundheit entsteht und für ein ganzes Leben veranlagt wird. Auch daraus ergibt sich, daß Kinder trotz zahlreicher Risikofaktoren, denen sie ausgesetzt waren, dennoch über Widerstandskräfte verfügen können.

Risiko bedeutet Alkoholismus in der Familie, sexueller Mißbrauch, Gewalt, Vernachlässigung, Kälte, schlechte Ernährung, unhygienische Verhältnisse, aber auch charakterliche Eigenschaften der Erziehenden wie Verlogenheit. Dies alles sind Risikofaktoren, pathogene Faktoren.

Können Kinder überhaupt Widerstandskraft gegen ein solches Milieu entwickeln? Und da finden sich auch in diesem Buch die erstaunlichsten Untersuchungsergebnisse. So wurde in Hawai über vierzig Jahre eine Langzeitstudie gemacht, wobei die Ärmsten der Armen untersucht wurden, also die, von denen jeder sagen würde, daß da eigentlich aus Opfern nur wieder neue Täter werden können.

Um so erstaunter war man, daß sich weit mehr von ihnen als irgend erwartet zu ganz normalen, gesunden Erwachsenen entwickelt haben, die voll im Berufsleben standen – und die Hälfte davon ohne jemals auffällig oder kriminell gewesen zu sein! Die andere Hälfte war vorübergehend verhaltensauffällig oder in der Jugend kriminell und hat diese Schwächen jedoch dann überwunden. Aufgrund der zahlreichen vorliegenden Daten konnte man systematisch untersuchen, woran es lag, daß diese Kinder vor allem auch seelisch widerstandsfähig waren, und da stellte sich heraus, daß ein Faktor ausschlaggebend war, und zwar der im vorangegangenen schon erwähnte Faktor »menschliche Beziehung«, der in seiner salutogenetischen Bedeutung stärker sein kann als Vererbung und Milieu.

Daß Vererbung und Milieu den Charakter weitestgehend beeinflussen, ist ja seit Aristoteles bekannt und immer wieder neu diskutiert und bewertet worden. Aber daß es etwas gibt, was sich gegenüber Vererbungsfaktoren und Milieufaktoren als stärker erweisen kann, nämlich die Qualität einer menschlichen Beziehung, das ist sozusagen erst durch die Verhaltensforschung der letzten dreißig Jahre immer deutlicher geworden und wird jetzt durch die Resilienz-Forschung belegt.

Wodurch zeichnet sich eine gute Beziehung aus?

Drei Wesensmerkmale der Menschlichkeit sind entscheidend:

- Ehrlichkeit, Wahrhaftigkeit, Aufrichtigkeit;
- Liebe;
- Respekt vor der Autonomie und Eigenwürde des anderen – auch wenn er im Kleinkindstadium oder im Zustand großer Hilfsbedürftigkeit ist

Erlebt ein Kind eine solche gute Beziehung – und sei es nur zu einem einzigen Menschen und auch nur zu einer bestimmten Zeit seiner Kindheit – kann es sich doch seelisch gesund entwickeln, selbst wenn die Lebensbedingungen sonst sehr ungünstig sind, es abends geprügelt wird und es den Tag über keine rechte Betreuung erlebt. Wenn zu einem Menschen eine tiefe innere Beziehung besteht, braucht seine seelische Gesundheit nicht in Frage gestellt zu werden. Im Gegenteil, ein solches Kind kann sogar besonders sensibel und mitleidsfähig werden.

Das Buch »Plus fort que la haine«, das in Frankreich großes Aufsehen erregt, ist dafür ein eindrückliches Beispiel.[35] »Stärker als der Haß« ist die Erfahrung von Liebe und Mitmenschlichkeit, die ein extrem traumatisertes und vernachlässigtes Kind im Alter von drei Jahren während dreier kostbarer Monate in einer Pflegefamilie erfährt. Diese Erfahrung prägt es für das ganze weitere Leben und ermöglicht die Identifikation mit dem Guten und Liebevollen.

Was hier wirklich vorliegt und etwas Grundsätzliches bewirkt, das würde man mit einem Begriff aus der anthroposophischen Geisteswissenschaft den Faktor »Ich« nennen. Gemeint ist das unzerstörbare Wesen des Menschen, das durch wiederholte Erdenleben geht und auf seinem langen Weg immer besser zu verstehen und zu üben sucht, was es heißt, ein Mensch zu werden. Ein »Ich« haben, ein Mensch sein, ist das eine – davon wissen, zu merken, was das bedeutet, ist ein langer, schmerz- und glückhafter Prozeß der Bewußtseinsentwicklung. Kein Mensch beginnt sein Leben bei »Null«, sondern tritt mit Lebenserfahrungen aus früheren Leben, mit einer gewissen Vorprägung, mit gewissen Wesenseigentümlichkeiten seinen neuen Erdenweg an und setzt sich dann aktiv mit Vererbung und Milieu auseinander. Nicht diese bestimmen letztlich den Charakter des Kindes, sondern seine Fähigkeit, sich menschlich zu sich und zu anderen in Beziehung zu setzen.

So zeigen die Forschungsergebnisse, daß beispielsweise schon kleine Kinder dadurch auffielen, daß sie einfach nett und zutraulich waren und es schafften, irgendwelche Fremde in ihrer Umgebung für sich zu interessieren. Man könnte auch sagen, sie haben sich ihre guten Beziehungen gesucht. Es ist eben Schicksal, wenn da plötzlich ein Tourist vorbeigeht und dieses Kind sieht – das vielleicht bettelt –, und der Kinderblick trifft ihn ins Herz. Er hat schon viele Kinder gesehen, aber bei diesem Kind trifft es ihn ins Herz. Und dann unternimmt er etwas, übernimmt eine Patenschaft oder gibt einem Menschen in der Nähe Geld, damit der sich um dieses Kind kümmert.

Oder die Ladenbesitzerin an der Ecke: Das Kind kommt immer in den Laden und ist bei dieser urgesunden Frau einfach mit dabei und lernt im Aufwachsen, was da alles so vor sich geht. Zu Hause kümmert sich niemand.

Andere Kinder suchen sich kleine Hilfsarbeiten auf der Straße. Sie weisen die Autofahrer auf Parkplätze ein oder waschen unaufgefordert die Scheiben ab. Da gibt der Tourist gern etwas, und man kann sicher sein, daß viele dieser Kinder einen positiven Weg vor sich haben.

Einige der in den Untersuchungen vorgestellten Kinder haben sich ihre konstanten Bezugspersonen gesucht und sie gefunden. Sie fanden jemanden, der mit ihnen spricht – dadurch wurden sie resilient. Sie fanden jemanden, der sie verstand – deswegen wurden sie nicht drogenabhängig und waren auch nicht gefährdet, sondern hatten Lust zu lernen. Sie fanden es allen Widerständen zum Trotz aus ihrem eigenen Wesen heraus, aus ihrem Schicksal heraus.

Die großen Sorgen der kleinen Seelen

Im Greenpeace-Magazin fand sich vor nicht allzulanger Zeit eine Reportage mit dem Titel »Die großen Sorgen der kleinen Seelen«. Sie berichtete von einer umfangreichen Studie, die in Köln an 1750 Jugendlichen gemacht wurde. Diese wurden nach ihrem Gesundheitszustand und nach persönlichen und psychischen Problemen gefragt. Die Mehrzahl der Elf- bis Achtzehnjährigen gestand ein, daß sie unter Ängsten, Depressionen oder Zwängen litten. Ihre Eltern hingegen hatten lediglich Schulprobleme und Beziehungsprobleme oder trotziges und unkonzentriertes Verhalten bemerkt.

Dabei zeigt ein Fünftel aller Kindergartenkinder zwischen drei und sechs Jahren Verhaltensauffälligkeiten wie Aggression, Konzentrationsprobleme, Schlafstörungen oder Ängstlichkeit.

Und so geht es weiter: Eine alarmierende Zahl nach der anderen, und wieder stellt sich einem die beklemmende Frage: Wie lange wissen wir das schon, lassen wir das so weitergehen, ohne energisch auf allen kulturellen und politischen Ebenen für eine Änderung der schulischen Betreuung einzutreten und eine Weiterbildung für Eltern aus Steuergeldern zur Pflicht zu machen? Auch hier gilt das Geheimnis der vielen kleinen Schritte, um dann – wenn das Problembewußtsein im großen da ist, wirklich etwas bewegen zu können.

Als Arzt oder Therapeut kann man nicht einfach in Elternhäuser, in das häusliche Umfeld oder in Schulen »einbrechen« oder »für Ordnung sorgen«. Man kann eigentlich nur da, wo Kinder einem in der Schule oder in der Therapie begegnen, fragen: Was kann ich für deine Entwicklung tun? Wie muß eine Kind – Therapeut-Beziehung aufgebaut werden, damit sie ein Kind resilient macht, damit die innere Widerstandskraft, die Glaubenskraft, die Liebe zum Menschsein, die Zuversicht, die Hoffnung auf Zukunft gestärkt wird?

Was kann ich tun unter dem Eindruck all der Schäden, all der Schwierigkeiten, der Jugendkriminalität, der Gewalttätigkeit, der Drogensucht, die bereits bis ins neunte Lebensjahr herunter reichen? Bereits Ende der achtziger Jahre des vorigen Jahrhunderts habe ich im Rückblick auf zehn Jahre schulärztliche Tätigkeit festgestellt, daß Verhaltensauffälligkeiten, Skelettdeformitäten, aber auch Schwächezustände und psychosomatische Beschwerden bei den Kindern, die ich jedes Jahr untersucht und beobachtet hatte, um etwa ein Viertel in diesen zehn Jahren zugenommen hatten. Und ich nehme an, daß sich diese Entwicklung in den letzten dreizehn Jahren eher noch beschleunigt hat. Von daher verwundern mich diese Zahlen der Kölner Studie auch nicht.

Was aber kann geschehen, nicht nur für die eigenen Kinder, sondern allgemein für das Kindsein heute? Wir müssen ihre Schicksalslandschaft aktiv mitgestalten, damit sie in uns gleichsam Anwälte, »Lobbyisten« finden und wir mit größerer Sensibilität Beziehungen mit ihnen – wo auch immer sie sich ergeben – pflegen. Oft weiß man nicht, ob sich hinter einer Provokation, Aggression oder einer sonstigen Verhaltensauffälligkeit nicht eine Depression oder eine tiefe Lebensangst verbirgt, eine echte Not. Wie schnell sind wir geneigt, ein Kind abzulehnen, weil es uns stört und aufsässig oder schwierig wirkt. Dabei sind gerade solche Kinder oft sehr verletzlich und empfindsam, und diese Auffälligkeiten sind für sie die einzige Möglichkeit, um Hilfe zu rufen.

Diesen Kindern so zu begegnen, daß sie durch uns Schicksalshilfen bekommen und auf Verständnis treffen, ist die Aufgabe. Manchmal aber ist es auch die beste Hilfe, daß man einsieht, selbst nicht das geben zu können, was das Kind braucht.

Ich möchte hier ein Beispiel geben aus meiner eigenen schulärztlichen Tätigkeit. Da gab es einen Jungen in der zweiten Klasse, der zunächst auffiel durch sein impulsives und wildes Verhalten, andererseits aber eine große Sensibilität und reiche Gefühlsbegabung zeigte. Es war sehr mitleidsfähig, hatte aber auch ein enorm aufbrausendes, emotionales Temperament und konnte sich mit allen Fasern seines Wesens für oder gegen etwas engagieren. So konnte er selbst bei kleinsten Anlässen völlig aus der Fassung geraten. Wenn ihm beispielsweise sein Nachbar – was ja immer einmal vorkommt – das Federmäppchen weggezogen oder seinen Radiergummi benutzt hat, ohne vorher anzufragen, so konnte das ein Weltuntergang sein.

Wenn nun im Unterricht täglich mehrere Weltuntergänge passieren, dann kommt irgendwann einmal der Punkt, daß die Lehrerin sagt: Das kann so nicht weitergehen! Und dann setzt man sich als Schularzt in die

Klasse und versucht herauszufinden: Was kann und will das Kind hier? Was sind seine Begabungen? Findet es bei dieser Lehrerin, bei diesen Klassenkameraden das Milieu, in dem es sich entwickeln kann? Mit Entwicklung meine ich, daß es seine Begabungen, die sich jetzt noch zusammenhanglos und ungebärdig äußern, die sehr wohl aber Begabungen sind, schrittweise unter Kontrolle bekommen kann. Es muß lernen, mit seinem Bewegungsdrang und seinen Emotionen umzugehen. Und das ist in erster Linie wieder eine Frage der Be-ziehung und nicht der Er-ziehung.

Es kann nämlich durchaus eine Lehrerin geben, die gerade dieses Kind liebt. Und obwohl die Klasse unter diesem Kind leidet und die anderen Kollegen Mühe haben, mit ihm zu Rande zu kommen, sagt diese Lehrerin im entscheidenden Moment: Wenn ihr es in eurem Unterricht nicht aushaltet, dann schickt es zu mir. Ich bin dagegen, daß es woanders hingegeben wird, wir schaffen das!

Bei dem hier genannten Jungen aber war es anders. Ich sah auch, daß es so nicht weiterging. Diesem Jungen gegenüber bestand nicht das selbstverständliche Vertrauen: Das krieg ich hin! Oder der Gedanke: Ja, ich mag dich – und deine Wildheit ist in fünf Jahren vorbei. Es gab keine solche Zukunftsvision oder die Zuversicht: Bis zur Pubertät hat sich das ausgeglichen, und ich will dir dabei helfen – ich verstehe dich.

So habe ich mich in diesem Fall dafür eingesetzt, daß dieser Junge in die Grundschule kam, und zwar zu einem Lehrer. Er war so begabt, daß eine Fördereinrichtung nicht zur Debatte stand. Und das war die

Lösung. Der Junge hat sich mit diesem Lehrer identifiziert und dessen Strenge gut ertragen. In diesem Fall kam hinzu, daß die Mutter alleinerziehend war und der Junge eine Vaterfigur suchte.

Dies ist eines der wenigen Kinder gewesen, die ich von der Waldorfschule wegempfohlen habe. Froh war ich natürlich dann zu sehen, daß diese Entscheidung richtig war. Ich habe Jahre später die Mutter noch einmal getroffen und gehört, daß der Junge sich gut entwickelt hat.

In einem anderen Fall habe ich ein hochintelligentes Kind vorübergehend in eine heilpädagogische Einrichtung empfohlen, weil ich wußte, daß dort die Menschen sind, die eine Beziehung zu diesem Kind aufbauen können. Es ist einfach wichtig, Menschen zu finden, die Lust auf dieses Kind haben, Lust auf Probleme! Für jedes Kind die zu ihm passenden Entwicklungsbedingungen zu suchen und zu gestalten, das ist die Aufgabe.

Begleitend kann dann noch eine konstitutionelle Behandlung mit homöopathischen oder anthroposophischen Heilmitteln hinzukommen. Da gibt es ja viele Möglichkeiten. Nach ein bis zwei Jahren hat das oben genannte intelligente Kind dann zwar intellektuell keine eindrucksvollen weiteren Fortschritte gemacht, wohl aber sozial, bewegungsmäßig und sprachlich gewonnen. Kommt es dann in die Schule zurück, holt es sein intellektuelles Defizit rasch auf und hat bald wieder den Anschluß gefunden. Es hat in der Zwischenzeit eine Art seelisch-sozialer Nachreifung vollzogen.

So sollte es uns gelingen, sogenannte Problemkinder in eine Umgebung zu bringen, wo man sie als normal betrachtet, sie so nehmen kann, wie sie sind, und ihren

Besonderheiten Rechnung trägt. Mit normal meine ich, daß jeder Mensch ein Recht auf Entwicklung hat, und jede Entwicklung hat ihre eigene Normalität und Gesetzlichkeit. So empfängt man beispielsweise in einer Blindenschule Kinder mit der Gesinnnung, daß ihr Blindsein nicht unnormal ist, sondern daß es unnormal ist, wenn man nicht lernt, die Blindheit zu kompensieren und auf andere Art dann »sehend« zu werden. Unnormal ist, wenn man nicht die Möglichkeit bietet, die eigene Normalität zu entwickeln. Denn die »Grundausstattung an der Startrampe« ist bei allen Menschen verschieden! Gemeinsam ist jedoch das Ziel: Menschlichkeit zu lernen und auf diesem Wege einander so viel wie möglich zu helfen.

Das Kind erkennen

Aus der Psychologie ist bekannt – auch die Salutogeneseforschung hat es wieder zutage gefördert –, daß man sich seelisch nur gesund entwickeln kann, wenn man über ein gewisses Maß an Selbstvertrauen und Wertschätzung verfügt.

Um dem Kind hierzu zu verhelfen, ist es für Eltern, Lehrer und Therapeuten wichtig, das Kind zu erkennen und seine Verhaltensweisen lesen zu lernen.

Ist beispielsweise ein Kind aggressiv, unstet, macht alles kaputt, was es in die Finger bekommt, kann nichts wertschätzen, dann ist man zunächst ganz verzweifelt, weil man auf keine »normalen« Reaktionen rechnen kann.

Da ist es entscheidend, daß man zu erkennen sucht, welche Begabungen das Kind mitbringt. Zeigt es nicht ein unbändiges Interesse, wenn es alles anfaßt? Will es den Gegenstand vielleicht nur »untersuchen« und gar nicht kaputt machen? Es hat auch eine enorme Bewegungsbegabung, saust ständig herum, und es hat die Fähigkeit, mit rückhaltlosem Vertrauen auf wildfremde Leute zuzugehen, was einem angst und bange machen oder nur als Distanzlosigkeit erscheinen könnte.

Belegt man die Verhaltensweisen nicht von vornherein negativ, sondern stellt fest, daß dieses Kind eben so konstituiert ist und lernen möchte, gerade die damit verbundenen Eigenschaften zu handhaben, führt dies zu einer positiven, erwartungsvollen Haltung ihm gegenüber. Die Frage ist dann: Wie kann ich dir helfen, damit du deine Möglichkeiten und Anlagen in den Griff, in die Selbstkontrolle bekommst?

Es gilt also die wahrnehmbaren Eigenschaften und Verhaltenselemente sachlich anzuschauen und sich ein Bild davon zu machen, was daraus werden kann, wenn das Kind gelernt hat, damit, das heißt mit sich und seinen Möglichkeiten, umzugehen. Auch kann es sehr hilfreich sein, sich die Frage zu stellen: Wie war dein früheres Erdenleben, daß du jetzt mit diesen Anlagen und Aufgabenstellungen zu uns gekommen bist? Dadurch werden Interesse und Fragehaltung vertieft und damit die Verständnisbereitschaft dem Kind gegenüber.

Ist es nicht ein großer Vertrauensvorschub, daß sich gerade die »schwierigen«, das heißt einseitig begabten Kinder zu uns wagen in der Hoffnung: Du kannst mir helfen, du wirst mich verstehen? Diese Hoffnung, diese Aufforderung ist nonverbal einfach durch die Tatsache gegeben, daß dieses Kind nicht bei den Nachbarsleuten zur Welt kam, sondern bei eben diesen seinen Eltern oder daß es eben jetzt auf uns als Betreuer beziehungsweise Erzieher gestoßen ist. Dieses nonverbale tiefe Vertrauen – du bist der Mensch, auf den ich setze, mit dir habe ich etwas zu tun und deswegen bin ich zu dir gekommen – kann man sich als Erzieher immer wieder vor Augen führen und daraus Kraft und Motivation schöpfen.

Damit sind wir wieder in dem Bereich, wo man die tieferen Schichten der menschlichen Existenz nicht mit bloßen Augen sehen und mit Händen anfassen kann, sondern wo man sein Denken und Fühlen mit einschalten muß, damit man wahrnimmt, was wahr ist. Die Wahrheit kann man ja auch nicht anfassen, die muß man einsehen. Das erleichtert einem die Beantwortung der Frage: Warum hat mir mein Schicksal ein Kind gegeben, das zu lieben mir so Mühe macht? Es gilt hier, etwas zu tun – nicht einfach nur entgegenzunehmen, zu erwarten oder zu fordern.

Woher kommst du? Was willst du?

Ich möchte in diesen Teil der Betrachtungen noch etwas aus dem Bereich der Erziehungswissenschaft einbringen, wie sie sich aus der anthroposophischen Medizin und Pädagogik ergibt. Wenn wir von »Kindsein heute« sprechen, dann gehen wir eigentlich davon aus, daß es auch ein »Gestern« gibt und daß es ein »Morgen« geben wird.

Jedem Erwachsenen, der sich an seine Kindheit erinnert, wird sofort deutlich werden, wie anders das »Früher« als das Heute war. Jede neue Erfindung, vor allem in technischer Hinsicht, bedeutete Herausforderungen und verlangte Anpassung, Änderung der Gewohnheiten.

Noch vor etwas über 150 Jahren, als die ersten Eisenbahnen mit einer Geschwindigkeit von 30 km/h fuhren, erhoben Ärzte besorgte Einwände und meinten, daß die Geschwindigkeit der Züge bei Reisenden wie Zuschauern zu Gehirnerkrankungen führen müßten. Tunnel gaben zu ärztlichen Warnungen vor einem gefährlichen Luftwechsel Anlaß. Schilderungen aus dieser Zeit belegen, daß die Sinne größte Schwierigkeiten hatten, den Raum bei dieser Geschwindigkeit richtig zu erfassen. Dennoch sind alle Befürchtungen nicht eingetreten. Und heute erleben Kinder und Jugendliche auf den Rummelplätzen in den Achterbahnen – wenn auch nur für Sekunden – Geschwindigkeiten und Körperbelastungen wie bei dem Start einer Rakete – und halten es aus. [36]

Ein anderes Beispiel ist das Bergsteigen. Was vor hundert Jahren noch als »Grenze des Menschenmöglichen« gegolten hatte und nur von Einzelgängern bewältigt wurde, wird heute bereits von Anfängern geklettert. Zu jeder Zeit waren die erbrachten Leistungen jeweils auch die Grenze des Menschenmöglichen. Daß einzelne Bergkletterer eines Tages ohne jegliche Hilfsmittel äußerst schwierige Felswände erklettern, wie sie dies heute tun, hätte vor zehn Jahren sicher noch als ein Ding der Unmöglichkeit gegolten. [37]

Bedenkt man die rasante Entwicklung auf allen Gebieten, die sich allein im 20. Jahrhundert vollzog, und wie die Menschen damit fertig wurden, dann müssen die Kinder, die heute zur Welt kommen, auch für die gegenwärtigen Herausforderungen gerüstet sein. »Er sah, daß sein Kind ihm in vielem voraus war. Und er war der Zeit, der Gegenwart dafür dankbar«, so Peter Handke in seiner »Kindergeschichte« [38]. Kinder bringen gegenüber den Eltern immer neue Fähigkeiten mit, um mit den Gegebenheiten, die sie erwarten und in die sie hineingeboren wurden, fertigzuwerden und einen weiteren Entwicklungsschritt zu proben oder zu meistern.

Hinzu kommt, zu bedenken, daß jede Generation von Kindern sich aus dem früheren Erdenleben, aus dem Vorgeburtlichen ganz bestimmte Impulse mitbringt: Was will ich hier auf der Erde tun? Sie kommen mit einem Vorhaben, einem inneren Auftrag, den sie sich selbst gegeben haben und den sie ernst genommen erleben möchten. Deswegen gibt es ja auch nichts Schlimmeres für Jugendliche, als zu erfahren, daß es für sie keine Arbeitsstellen gibt und man eigentlich gar nicht gebraucht wird. Welche Zukunft steht ihnen da offen? Wofür lohnt es da, zu leben?

Oft ist dann eine mehr oder weniger bewußte Stimmung der Verzweiflung, Sinnlosigkeit oder auch Wut gegenüber diesen Verhältnissen die Reaktion und äußert sich in Lustlosigkeit, Depression, Angst, aber auch in aggressiven, provokativen oder kriminellen Verhaltensweisen.

Vieles wird heute publiziert, was Kinder von heute als hochbegabt, als spirituell, als »Indigo«- oder »Sternen«-Kinder bezeichnet. [39] Was einen bei der Lektüre dankbar stimmt, ist die Tatsache, daß die Bücher eine Signalwirkung haben: Schaut euch die neue Generation an, nehmt wahr, was sie mitbringt, nehmt sie ernst! Problematisch wird die Wirkung dieser Bücher jedoch überall da, wo es zu neuen Klassifizierungen kommt und damit wieder nicht erreicht wird, was Steiner schon 1919 forderte, nämlich daß man jedes Kind individuell »lesen« lernen sollte: Was bringst du mit als Botschaft aus der geistigen Welt? Was hast du vor? Welche Temperamentsmischung kennzeichnet dich? Wie bist du gewachsen? Sind deine Hände, dein Kopf so geformt, daß du ihre Funktionen gut aufeinander abstimmen kannst, oder weiß der Kopf nicht, was die Hände tun und umgekehrt? Man hat doch Impulse! Und man sucht nach Möglichkeiten, sich darüber klarzuwerden, für was man angetreten ist. Man will nicht typisiert, rubriziert und diagnostiziert werden.

Auch ist zu fragen, ob die nachfolgende Generation den Eltern nicht schon immer Rätsel aufgegeben hat. Kinder mit besonderen Schwierigkeiten und erstaunlichen Fähigkeiten gibt es nicht erst jetzt – auch spirituelle Begabungen finden sich in jeder Generation des 20. Jahrhunderts.[40]

Auch bei Goethe und Schiller finden wir solche Gedanken. Goethe in »Dichtung und Wahrheit«:[41]

»Wir können die kleinen Geschöpfe, die vor uns herumwandeln, nicht anders als mit Vergnügen, ja mit Bewunderung ansehen: denn meist versprechen sie mehr, als sie halten, und es scheint, als wenn die Natur unter anderen schelmischen Streichen, die sie uns spielt, auch hier sich ganz besonders vorgesetzt, uns zum besten zu haben. Die ersten Organe, die sie Kindern mit auf die Welt gibt, sind dem nächsten unmittelbaren Zustand des Geschöpfes gemäß; es bedient sich derselben Kunst auf die geschickteste Weise zu den nächsten Zwecken. Das Kind an und für sich betrachtet mit seinesgleichen und in Beziehungen, die seinen Kräften angemessen sind, scheint so verständig, so vernünftig, daß nichts drübergeht, und zugleich so bequem, so heiter und gewandt, daß man keine weitere Bildung für dasselbe wünschen möchte.

Wüchsen die Kinder fort, wie sie sich andeuten, wir hätten lauter Genies.

Aber Wachstum ist nicht bloß Entwicklung; die verschiedenen organischen Systeme, die einen Menschen ausmachen, entspringen auseinander, folgen einander, verdrängen einander, ja zehren einander auf, so daß von manchen Fähigkeiten, von manchen Kraftäußerungen nach einer gewissen Zeit kaum eine Spur mehr zu finden ist. Wenn auch die menschlichen Anlagen im ganzen eine entschiedene Richtung haben, so wird es doch dem größten und erfahrensten Kenner schwer sein, sie mit Zuverlässigkeit vorauszuverkünden; doch kann man hintendrein wohl bemerken, was auf ein Künftiges hingedeutet hat.«

Schiller sieht die Freiwilligkeit von Existenz in Kindern verkörpert. Daß Kinder dem Himmelreich nahestehen, war ein Topos durch die Jahrhunderte. Aber Kindheit als Modell für die Emanzipation des Menschen, das war bei Schiller ein historisch neues Konzept:[42]

»Nicht weil wir von der Höhe unserer Kraft und Vollkommenheit auf das Kind herabsehen, sondern weil wir aus der Beschränktheit unseres Zustands, welche von der Bestimmung, die wir einmal erlangt haben, unzertrennlich ist, zu der grenzenlosen Bestimmbarkeit in dem Kinde und zu seiner Unschuld hinaufsehen, geraten wir in Rührung. In dem Kinde ist die Anlage und Bestimmung, in uns ist die Erfüllung dargestellt, welche immer unendlich weit hinter jener zurückbleibt. *Das Kind ist daher eine Vergegenwärtigung des Ideals, nicht zwar des erfüllten, aber des aufgegebenen*, und es ist also keineswegs die Vorstellung seiner Bedürftigkeit und Schranken, es ist ganz im Gegenteil die Vorstellung seiner reinen und freien Kraft, seiner Integrität, was uns rührt. Dem Menschen von Verstand wird ein Kind ein heiliger Gegenstand sein.«

Aufgrund der Resilienzforschung wissen wir heute, in welch hohem Maß die Auffassung Goethes zutrifft. Begegnen wir Kindern mit der heiligen Freude an ihrem So-Sein, mit dem Willen, ihnen bei der Selbstfindung und Entwicklung beizustehen, so lernen sie, von ihren

Begabungen den besten Gebrauch zu machen. Gelingt dies nicht, verkümmern oder verkehren sich die Anlagen und ursprünglich gute Kräfte wie Intelligenz, Sensibilität oder Impulsivität und Willensstärke treten einseitig, egozentrisch verzerrt oder destruktiv auf.

In dem sehr lesenswerten Buch von Robert Plomin und Judy Dunn »Warum Geschwister so verschieden sind« [43], wird herausgearbeitet, was Vererbung und Erziehung zur Charakterbildung beitragen können, wie aber dennoch das Wesen des Kindes selbst und die Qualität seiner Begegnungen und Beziehungen den Ausschlag gibt, wie die Entwicklung weitergeht. So ist Kindern auch nicht damit gedient, wenn Eltern oder Lehrer sagen: Ich behandle alle Kinder gleich. Denn die Kinder, die Menschen sind verschieden. Bei Gleichbehandlung erleben sich die einen überfordert, die anderen unterfordert. Alle aber empfinden mehr oder weniger bewußt, daß sie hier auf Prinzipien stoßen, nicht jedoch auf ein Wahrgenommenwerden als Person, als individueller Mensch.

Selbstverständlich sind vor dem Gesetz alle Menschen gleich, im Rechtsleben ist die Gleichbehandlung sozial ordnend und hilfreich. Im Bereich der Persönlichkeitsentwicklung (Geistesleben) aber und des Könnens (Wirtschaftsleben) gelten das Individualitätsprinzip und die brüderliche Qualität der Wahrnehmung dessen, was das Leben an gegenseitigem Geben und Nehmen möglich macht.

Die Analyse und systematische Untersuchung vieler Studien führen zu der Einsicht, wie das im vorangegangenen schon dargestellt wurde, daß das Kind nicht nur durch Vererbung und Umwelt in seinem Verhalten geprägt wird, sondern daß es sich auch mit seiner bestimmten Erbkonstitution aktiv und vor allem selektiv mit seinen Umwelteinflüssen auseinandersetzt.[44] Über Stärke oder auch Belanglosigkeit von Umwelteinflüssen für die Entwicklung der Einzelindividualität – insbesondere im sozialen Umfeld – entscheidet immer, ob und wie individuelle Beziehungen entstehen. So sind Geschwister auch deshalb so verschieden, weil sie untereinander und zu den Eltern höchst individuelle Beziehungen eingehen und dadurch auch individuell geprägt werden.

Unabhängig davon, ob Eltern meinen, sie behandelten ihre Kinder im wesentlichen gleich oder welche Auffassungen sie von unterschiedlichen Bevorzugungen oder Zurückweisungen haben, berichten die Kinder genauestens, wie sie das elterliche Verhalten erleben oder erlebt haben, und diese Wahrnehmung unterscheidet sich oft sehr von der der Geschwister oder jener der betroffenen Eltern – sie ist ganz individuell.

Manche Kinder sind »pflegeleicht«. Das bedeutet aber, daß gerade die, denen es ohnehin schon besser geht, durch Anerkennung, Bejahung und liebevolle Zuwendung eine Stärkung ihres Selbstwertgefühls erfahren, und die anderen, die gerade einer solchen Stärkung bedürften, weil sie viel häufiger mit ihrem Versagen konfrontiert sind, diese nicht nur nicht bekommen, sondern darüber hinaus noch erleben, daß der Erwachsene sich oft über sie ärgert und ihnen zu verstehen gibt, daß sie so, wie sie sind, »nicht richtig« sind beziehungsweise eigentlich anders sein sollten, als sie sind. Gerade dieses

Problem tritt im familiären Zusammenhang häufig zutage, wenn ein oder zwei Geschwister die Sonne der Anerkennung ihrer Eltern genießen, während ein oder zwei schwarze Schafe sich immer die Unbill der Erwachsenen oder der Geschwister zuziehen.

Um hier nicht Fehlentwicklungen für das spätere Leben zu veranlagen, ist es entscheidend, gerade einem Kind, das man zu Recht tadeln oder zurechtweisen oder auch ausgrenzen muß, bei der nächsten Gelegenheit klarzumachen, daß man es dennoch sehr lieb hat: durch die Art, wie man es anspricht, durch das, wozu man es auffordert, oder einfach nur durch liebevolles In-den-Arm-Nehmen.

Natürlich muß es für alle die erwähnten guten Gewohnheiten geben – daß zum Beispiel alle zur selben Zeit zu Mittag essen. Aber es ist evident, wie unterschiedlich man bisweilen die Kinder motivieren muß, damit sie wirklich alle zum Essen kommen!

Was ist normal?

Die sogenannte Normalität ist mathematisch-statistisch gesehen das Mittelfeld von einer Normalverteilungskurve. In den Randfeldern sitzen die Ausreißer aus dem Mittelfeld: die überdurchschnittlichen und unterdurchschnittlichen Fähigkeiten. Das Schöne aber ist, daß dieser Normalitätsbegriff alle umfaßt – denn das Ganze heißt: »Normalkurve«.

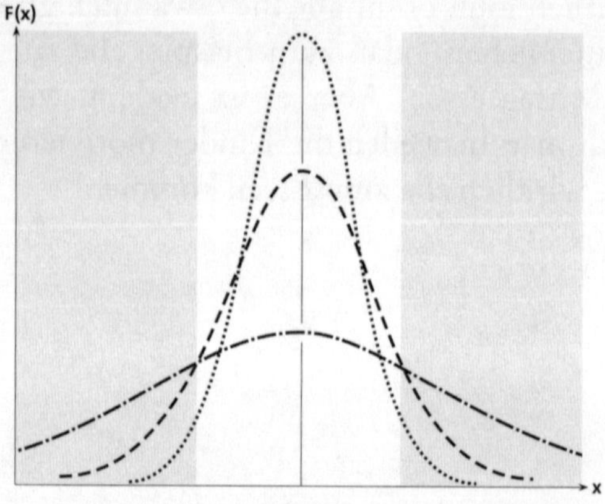

Es ist also nicht unnormal, daß man etwas mehr oder weniger hat oder kann als ein anderer. Das ist gerade der Beweis für die Individualität, für das Normale des Menschseins. Gleichmacherei ist nicht normal. Das ist menschenunwürdig. Wenn wir zum Beispiel im Rahmen einer Vortragsveranstaltung eine Statistik machen würden, was der eine oder andere Zuhörer ißt, wie viele Stunden jemand schläft, wohin er in Urlaub fährt, was seine Hobbys sind, seine Stärken und Schwächen, dann würden wir darin auch die Normalverteilung finden: die einen schlafen zwischen sechs und acht Stunden, das wäre gleichsam das Mittelfeld, und diejenigen, die neun bis zehn Stunden schlafen oder aber vielleicht nur fünf oder vier, die wären an den Randzonen angesiedelt. Dabei würde aber doch niemandem einfallen, dies als unnormal zu bezeichnen; man würde sagen: So bin ich!

Diese Haltung ist entscheidend: den Kindern normal zu begegnen und ihnen das Gefühl zu geben, du bist genauso normal wie ich, nur in der Kurve mit deinen Fähigkeiten, deinen Stärken und Schwächen ein wenig anders verteilt als ich. Wieso soll es denn jetzt »normal« sein, daß man innerhalb weniger Jahre alle Buchstaben lesen und schreiben kann? Wer sagt, daß das normaler ist, als andere Fähigkeiten zu haben? Und wenn man der Meinung ist, daß man bestimmte Dinge können sollte, bis man die Schule verläßt, dann sollte man den Kindern nicht Tag für Tag das Gefühl geben: Du bist unnormal! Deshalb mußt du von einem Therapeuten zum anderen gebracht werden, bis du einen ganzen Rucksack voller Diagnosen hast.

Es gilt vor allem, das Gesunde, positiv Vorhandene wahrzunehmen und durch Anerkennung und Förderung zu unterstützen und dem Kind das Gefühl zu geben: Du hast ein Recht, so zu sein, wie du bist – dich in deiner Normalität zu finden, ich mag dich!

Kein Erwachsener würde an einem Arbeitsplatz bleiben, wo man ihn immer wieder in Frage stellt, mobbt, auflaufen läßt, konfrontiert. Man würde sich – bewußt oder unbewußt – entweder durch Krankheit aus diesem System, das man nicht erträgt, hinausschleichen, oder man würde, wenn man die Kraft dazu hat, sich einen anderen Job suchen, weggehen.

Kinder können das nicht! Ihnen aber muten wir nicht selten solche Behandlungsweisen zu – oder aber durch häufige Arzt- und Psychologenbesuche das Erlebnis: Du bist krank, nicht so, wie du sein solltest, mit dir komme ich nicht zurecht. Und dann wundern wir uns noch, daß die Kinder nicht so fröhlich sind und nicht selbstbewußt und unternehmungslustig wirken.

Kindheit heute zu begleiten heißt, wirklich zu schauen, was jemand aus seiner Vergangenheit ganz individuell in dieses Heute herein bringt. Und daß wir uns die Frage stellen: Was können wir tun, damit aus diesem Heute ein befriedigendes Morgen wird?

Die Entwicklungsdiagnostik, die Wesensgliederdiagnostik in der Waldorfpädagogik und in der anthroposophischen Kindermedizin ist der positiven Psychologie sehr verwandt, auch wenn sie über ganz eigene salutogenetische Ansätze verfügt. Worte und Namen machen es nicht; es muß nicht von Waldorfpädagogik die Rede sein. Auch nicht von Anthroposophie. Anthroposophie heißt ja »Wissen, Weisheit vom Menschen«, Humanismus heißt »Menschlichkeit«. So kann man auch diesen Ausdruck wählen.

Entscheidend ist die Haltung, die innere Arbeit, die hinter den Worten steht und die die Realität der Handlung prägt. Ob man eine Haltung hat, die den andern Menschen wirklich ernst nimmt in allem, was er ist, ob man eine Gesinnung hat, die dem Kind wirklich in seiner Entwicklung helfen will; ob man eine Einstellung zum Leben hat, die die Zukunft dieses Menschen im Bewußtsein hat. Es sei dies am Beispiel der Medienpädagogik erläutert: Wem – außer der Wirtschaft und dem Markt »Kinder« – nützt es, wenn der Computer schon im Kindergarten beziehungsweise in der Grundschule Einzug hält? Nicht ein großer Erfinder aus der Branche saß als Kind vor dem Bildschirm! Und wer nachdenkt, weiß, daß er dieser Technologie seine Kreativität nicht verdankt, sondern diese mitbringen muß, um kompetent und innovativ damit umzugehen.

Heute gibt es bei uns Computer bereits für wenige Monate alte Kinder: quäkende, blinkende Modelle mit bunten Klötzchentasten und einem Joystick, der laut Prospekt die »Entwicklung der Feinmotorik« fördern soll. Ältere Kinder können sich am Computer mit Rechenaufgaben, Quizfragen und Buchstabenratespielen beschäftigen. Die Spielzeugfirma VTech aus Hongkong verkaufte bereits über zehn Millionen Kinderrechner in alle Welt. Auch der große PC wird immer kindgerechter. Etliche Firmen haben Software für die Allerjüngsten entwickelt, die ihre Maus meist noch begeistert in den Mund stecken, statt Symbole auf dem Bildschirm anzuklicken. Solche Programme reagieren schon, wenn das kleine Kind mit seinen Patschhänden auf die Tastatur langt. Die US-Firma Knowledge Adventure hat ihre erfolgreiche Lernspielreihe namens »Jumpstart baby« erweitert. Zielgruppe: Säuglinge ab neun Monaten.[45] Grellbunte Plastikgeräte mit kleinen Bildschirmen werden als »animierte Spielgefährten« angepriesen,

»mit denen Kinder sich anfreunden, lernen und Spaß haben können«. Dabei betonen die Spielzeughersteller ihren »hohen Anspruch: Unsere elektronischen Produkte müssen den Talenten der Kinder entsprechen, sie vereinen altersgerechte Lerninhalte mit modernster Technik.« [46]

In dem Moment, in dem der Blick sich fixiert, die Maus getastet werden kann, lassen sich am Bildschirm schon farbige Effekte hervorrufen, und der begeisterte Papa steht daneben. Hier zu meinen, das sei die Intelligenzförderung von morgen, ist ein Problem.

So findet sich im »Spiegel« (21/ 2002) aus der Hirnforschung die interessante, aber nicht überraschende Feststellung, daß entgegen aller Euphorie der Befürworter die Kreativität der Kinder durch den Umgang mit dem Computer nicht gefördert wird. Abstraktionsvermögen, Vorstellungskraft, Phantasie und die Gabe zum Querdenken versiegen, weil die Nervenzellen von Kindern, die in frühen Jahren viele Stunden vor dem Fernseher oder dem Computer sitzen, sich anders verknüpfen. Auch der aktive Wortschatz verkümmert offenbar vor dem Bildschirm: In den fünfziger Jahren hatte ein vierzehnjähriger Amerikaner noch 25 000 Worte parat – heute sind es nur noch 10 000.

So sieht die Zukunft düster aus, wenn sich das Kind nicht durch eine mitgebrachte Resilienz und »Ersatzeltern« und -lehrer aus dieser Technokonditionierung befreit. Da sind vernünftige Eltern und Bezugspersonen gefragt, die die beschriebenen gesundmachenden Kräfte in ihnen mobilisieren und nicht auf das raffinierte Werbemanagement der Software-Giganten hereinfallen.

Kindsein heute – quo vadis Menschheit?

Kinder haben nicht nur ihre persönliche Biographie vor sich, sie prägen in ihrem So-Sein, ihren Anlagen und Möglichkeiten auch den Gang der Menschheitsentwicklung. Dabei sind Kinder zunächst ganz allgemein menschlich veranlagt. Die ersten drei Jahre, in denen der aufrechte Gang erworben wird, das Erlernen der Muttersprache stattfindet und die Fähigkeit des eigenständigen Denkens auftritt, vollziehen sich in allen Völkern und Kulturen auf ähnliche Weise. Erst dann rückt die Anpassung an die jeweiligen lokalen und nationalen Gegebenheiten in den Vordergrund. Kindsein bedeutet in gewisser Weise auch die Rekapitulation, die Wiederholung der Stammesgeschichte zu leisten – von den Stufen eines magischen, mythologisch-bildhaften Bewußtseins und arachaischen Gedächtnisformen bis hin zum Gegenstandsbewußtsein und dem abstrakten Gedächtnis der Gegenwartsmenschen. Wer Kinder beobachtet, sieht, daß sie diese Entwicklungsstufen durchlaufen. Man denke beispielsweise an die Indianer: Sie erlebten den »Großen Geist« in der Natur und in ihren magischen Handlungen. Kleine Kinder erleben noch das elementar Spirituelle in Bach und Fels und Baum und Stein. So haben sie eben Angst, über eine dunkle, dämmrige Wiese zu gehen, wenn da im Mondschein so ein Holzstumpf aus der Wiese heraufragt. Dann sehen sie ringsum alles Mögliche, zum Beispiel Elementarwesen.

Das ist keine Illusion, sondern das ist ein anderer Bewußtseinszustand! Es ist ein Zustand, in dem man noch keine abstrakten Gedanken hat, denn dazu ist das Gehirn noch nicht reif. Es ist ein Bewußtseinszustand, in dem man Gedanken noch sieht, anstatt abstrakt zu reflektieren. Man sieht die Gedanken, auch wenn man keine Worte dafür hat, weil man sie bei den Erwachsenen nicht lernen konnte aufgrund ihres zumeist auf das Gegenständliche reduzierten Bewußtseins. So lernt man für bestimmte Wahrnehmungen keine Worte, und eines Tages vergißt man diese Wahrnehmungen, und dann ist der Zauber der Kindheit weg.

So durchlebt ein Kind alte, auch religiös-magische Entwicklungsstadien und kommt allmählich im Hier und Heute an – das eine Kind früher, ein anderes später. Gerade Kinder, die schnell ins Hier und Heute hereinstreben und eine Umwelt haben, die das fördert, brauchen eine Erziehung, die ihnen die Reifung ihrer Gesamtpersönlichkeit aus dem Gang der Menschheitsentwicklung heraus ermöglicht, indem sie zum Beispiel Märchen und Singspiele, Rituale und sinnvolle Gewohnheiten erleben dürfen.

Ein solcher Betrachtungsansatz führt zu anderen erzieherischen und auch kulturellen Wertmaßstäben, insbesondere in den ersten neun Lebensjahren, wo die Gehirnentwicklung im Vordergrund steht und die Reifung der komplexen Strukturen der adäquaten Anregungen bedarf.

Insbesondere fördert hier jede Form von Eigenaktivität – körperlich wie auch in der Phantasie – den Reifungsprozeß am intensivsten.

Alles, was an Sprach-, Beziehungs- und Gefühlskultur gepflegt wird, bewirkt die Reifung der sogenannten emotionalen Intelligenz, ohne die sich auch die abstrakten Intelligenz- und Gedächtnisformen nicht voll entfalten können.

Was man den Kindern nahebringen kann durch eigene gedankliche Aktivität, indem man ihnen nicht nur Informationen gibt und tolle Filme ablaufen läßt, sondern gute Fragen stellt, an denen sie selbst Erkenntniserwerb üben können, all dies fördert die so notwendige Eigenständigkeit im Denken und Beurteilen.

Dabei ist es interessant, sich klarzumachen, daß Gehirnreifung und Entwicklung neben dem Aufnehmen von Sinneswahrnehmungen der feinmotorischen Betätigung und guter gesamtmotorischer Koordination bedürfen. Hingegen braucht der Erwerb der aufrechten Körperhaltung und ein zielgerichtetes Bewegungsspiel und Gangbild neben der körperlichen Übung insbesondere ein klares, bewegliches, gut strukturiertes Denken. Warum? Weil es letztlich doch das Denken selbst ist, was den Menschen aufrichtet und zu sich selber bringt. Es hat lange gedauert, bis ich gemerkt habe, daß es das Denken selbst ist, die Art der Eigenständigkeit im Denken und Urteilen, die den Menschen tatsächlich zum aufrechten Wesen macht. Physisch richtet man sich schon im ersten Lebensjahr auf. Aber ohne gedankengetragene Aufrichtigkeit, ohne eigenständige Wahrheitssuche, die einen auch innerlich aufrecht sein läßt, verkümmert die Haltung. Die Haltung bis ins Physische herein, auch die Art, wie jemand geht, sich zu- und wegbewegt, sie spiegelt die Art seines Denkens wider. Ich habe das praktisch erst sehen gelernt, als ich im Rahmen meiner schulärztlichen Tätigkeit beobachtete, wie sich Kinder und Jugendliche beim Lernen in der Schulbank benehmen, wie sie sich lagern, hin- und herbewegen und aufrichten. Besonders eindrücklich ist es im 10. Schuljahr, wenn die Jugendlichen so dasitzen und alle Viere von sich strecken, weit im Sitz heruntergerutscht und den Lehrer anblinzeln, was der da jetzt wohl wieder sagt.

In dem Moment aber, wo sie etwas interessiert, wo sie anfangen, selbst zu denken, werden die Beine angezogen, der Oberkörper strafft sich, richtet sich auf, und der Blick wird frei und zielgerichtet oder – im Denkprozeß selbst – wie nach innen gewandt. Auch habe ich manchen Schüler beobachtet, dem in der Stunde »ein Licht aufgegangen« ist, der etwas beitragen konnte und somit ein Erfolgserlebnis hatte. Der geht nachher ganz anders über den Schulhof. Schlichtweg aufgerichtet, motiviert, gestrafft, mit etwas gestärktem Rückrat. So ist selbst denken lernen, selbständig werden, die wesentlichste Quelle geistiger, seelischer und körperlicher Gesundheit für das Leben.

Zusammenfassung

Salutogenese hat das Ziel, den Menschen auf die Quellen individueller und sozialer Gesundheit und Gesundung aufmerksam zu machen.

Rudolf Steiner (1861-1925) hat bereits 1920 in einem Vortrag für Ärzte klar gefordert, daß der Arzt »das Heil der ganzen Menschheit« im Auge haben müsse, wenn er einem einzelnen Menschen helfen will. [47] Warum? Weil jeder Mensch ein Teil des Ganzen ist, das er so oder so beeinflußt – ob er sich dessen bewußt ist oder nicht – durch die Art, wie er innerlich und nach außen hin mit sich und den anderen Menschen umgeht; er ist aktiv beteiligt an der Entwicklung von Erde und Mensch.

Je mehr es mir gelingt, aus einer umfassenden Perspektive heraus – auch im Kleinsten – zu handeln, um so mehr trage ich zum Heil, zum Gedeihen des Ganzen bei. Je isolierter ich bin, und je unzusammenhängender ich handle und arbeite, um so mehr laufe ich Gefahr, ein Krankheitsfaktor im Entwicklungsgeschehen zu werden. Gesund, »heil, ganz« werden bedeutet Integration. Krankheit ist stets die Folge von Isolation oder Desintegration einzelner Prozesse, Funktionen oder Substanzen im Organismus.

Unsere Aufgabe ist es also, mit unseren kleinen Aktionen, unserem täglichen Tun die große Ziele der

Menschheit mit zu verfolgen und sie nicht aus dem Auge zu verlieren.

Das fängt bei der Erziehung unserer Kinder an, die in eine Welt hineingeboren wurden, der sie gewachsen sein möchten und in der sie ihre Impulse verwirklichen wollen.

Antonovsky vergleicht das Leben mit einem Fluß, der Untiefen haben kann, Stromschnellen, Klippen, die er überwinden muß und überdies noch mit Verschmutzung zu kämpfen hat. Seine Frage ist nicht: Wie entkomme ich den Gefahren, wenn ich mich in dem Fluß befinde, sondern: Wie werde ich ein guter Schwimmer? Knapper kann man den salutogenetischen Ansatz nicht ins Bild bringen.

Antonovskys Antwort auf diese Frage ist: Durch die Entwicklung eines guten Kohärenzgefühls bin ich den Stromschnellen und -wirbeln des Lebens, in das ich mich geworfen erlebe, gewachsen. Wer ins Wasser geworfen wird, muß schwimmen lernen oder gelernt haben – wer lebt, muß sich in Beziehung setzen lernen. Die Grundlagen dazu können, wie es hier dargestellt wurde, in der Kindheit gelegt werden.

Es wird immer Schwierigkeiten im Leben geben, Probleme, Leiden und Tod. Menschen mit starkem Kohärenzgefühl werden ebenso leiden und sich freuen wie solche mit einem schwach ausgeprägten. Sie werden aber motiviert sein, das Beste aus der gegebenen Situation zu machen und sich weder von ihrer Freude fortreißen zu lassen, noch im Leid zu erstarren.

Hinsichtlich der Erfüllung von Aufgaben ist der Erfolg weitgehend durch den Grad der dafür notwendigen Intelligenz, das Wissen und die Fähigkeiten bestimmt, die jemand mitbringt. Aber gerade, wenn die Aufgabe anspruchsvoll ist, wird bei deren Erfüllung auch die Stärke des Kohärenzgefühls eine Rolle spielen. Ein Mensch mit starkem Kohärenzgefühl wird motiviert sein, die Aufgabe als eine Herausforderung zu sehen, ihr eine Struktur zu geben und nach geeigneten Ressourcen zu suchen, um sie zu bewältigen, auch wenn er die dafür nötigen Qualifikationen noch nicht besitzt. Das Vertrauen, daß er es schaffen wird, läßt ihn Dinge erstreben und leisten, die sich ein Mensch mit schwachem Kohärenzgefühl nie zutrauen würde.

Die Anthroposophie als Wissenschaft von Seele und Geist des Menschen kann bis in Einzelheiten an dieses neue salutogenetische Gesundheitskonzept anknüpfen. Sie erlegt damit aber auch – insbesondere den anthroposophischen Pädagogen und Ärzten – die Verantwortung auf, durch eigene Forschungen mit beizutragen, daß dieses Konzept eine weite Verbreitung und Realisierung findet. Sie kann entscheidend dazu beitragen, die Wirklichkeit des Geistes in die naturwissenschaftlich-medizinische Debatte mit einzubeziehen und nicht als »transzendent« auszuklammern oder den Psychologen, Theologen und Philosophen allein zu überlassen.

Die Gesundheit des modernen Menschen hängt entscheidend davon ab, wie er über sich als Mensch denkt und welchen Entwicklungsweg er geht.

Jeder kann lernen, gesünder und menschlicher zu werden, wenn er sich die göttlich-geistigen Daseinsbereiche in sich selbst bewußt macht und »erweckt«. Selbstentwicklung, so verstanden, bedeutet lebenserfahren zu werden und das Leben in all seinen Facetten, in seinen Höhen und Tiefen neu zu entdecken und ernst zu nehmen als Chance für die eigene Entwicklung und die der Mitmenschen hin zur Menschwerdung, die diesen Namen verdient. Nur so können letztlich menschliche Charaktereigenschaften erworben werden wie Verehrung, innere Ruhe, Mut und Zuversicht, Hoffnung, Treue, Andacht, Liebe und Wahrhaftigkeit bis hin zu Autonomie und Authentizität.

In seinem philosophischen Hauptwerk resümiert Steiner: »Die Natur macht aus dem Menschen ein Naturwesen. Die Gesellschaft ein gesetzmäßig handelndes. Ein freies Wesen kann er nur selbst aus sich machen.« Mit dieser selbst errungenen Freiheit steht und fällt aber auch die heute so hoch bewertete Sozialkompetenz. Nur wer zu sich selbst stehen kann, lernt das auch anderen gegenüber. Nur wer auf sich selbst gestellt ist, kann letztlich anderen Menschen oder für Aufgaben wirklich zur Verfügung stehen, ohne Sorge haben zu müssen, untergebuttert oder »benützt« zu werden. Er kann nach dem Motto des freien Menschen leben: »Leben in der Liebe zum Handeln und leben lassen im Verständnisse des fremden Wollens.« [48]

Anmerkungen

1 *René Spitz,* »Vom Säugling zum Kleinkind. Naturgeschichte der Mutter-Kind-Beziehungen im ersten Lebensjahr«, 10. Aufl. Stuttgart 1992; »Die Entstehung der ersten Objektbeziehungen«, 5. veränd. Aufl. Stuttgart 1992.

2 Vgl. *Michaela Glöckler,* »Begabung und Behinderung. Hinweise für Erziehung und Schicksalsfragen«, Praxis Anthroposophie, 2. Aufl. Stuttgart 1999.

3 Siehe *Michaela Glöckler, Wolfgang Goebel,* »Kindersprechstunde. Ein medizinisch-pädagogischer Ratgeber«, 13. Aufl. Stuttgart 1998.

4 *Rudolf Steiner,* »Die Erziehung des Kindes vom Gesichtspunkt der Geisteswissenschaft«, 66.-85. Tsd. Dornach 1984, und »Die Offenbarungen des Karma«, GA 120, 8. Auflage Dornach 1992.

5 *Dave Grossman, Gloria DeGaetano,* »Wer hat unseren Kindern das Töten beigebracht? Ein Aufruf gegen Gewalt in Fernsehen, Film und Videospielen«, Stuttgart 2002.

6 »Alliance for Childhood«: *Uwe Buermann,* Alte Landstr. 70, 229 49 Ammersbek. Tel. 04532/ 266410; Fax 04532/ 266411. Internet: www.allianceforchildhood.de

7 Paradigma bedeutet in der Wissenschaft ein richtunggebendes Beispiel.

8 *Aaron Antonovsky,* »Salutogenese. Zur Entmystifizierung der Gesundheit«, Tübingen 1997.

9 »Was erhält Menschen gesund? Antonovskys Modell der Salutogenese. Diskussionsstand und Stellenwert«, Köln 2001.

10 Siehe *Michaela Glöckler, Wolfgang Goebel,* »Kindersprechstunde«, a.a.O.

11 *Wolfgang Goebel,* »Schutzimpfungen selbst verantworten. Grundlagen für eigene Entscheidungen«, aethera, Stuttgart 2002.

12 *Ronald Grossarth-Maticek,* »Systemische Epidemiologie und präventive Verhaltensmedizin chronischer Erkrankungen«, Berlin/New York 1999, und *Helm Stierling/ Ronald Grossarth-Maticek,* »Krebsrisiko – Überlebenschancen. Wie Körper, Seele und soziale Umwelt zusammenwirken«, Heidelberg 1998.

13 *Aaron Antonovsky,* »Salutogenese«, a.a.O.

14 *Rudolf Steiner,* »Wie erlangt man Erkenntnisse höherer Welten?«, GA 10, 24. Aufl. Dornach 1992.

15 *Schüffel et. Al.* (Hrsg.), »Handbuch der Salutogenese. Konzept und Praxis«, Wiesbaden 1998.

16 *Eckhard Schiffer,* »Wie Gesundheit entsteht. Schatzsuche statt Fehlererfahrung«, Weinheim und Basel 2001.

17 *Leibholz-Bonhoeffer,* »Weihnachten im Hause Bonhoeffer«, Wuppertal-Barmen 1971, zit. bei Schiffer, a.a.O.

18 *Hans Jonas,* »Der Gottesbegriff nach Auschwitz«, Frankfurt 1987.

19 *Viktor Frankl,* »...trotzdem Ja zum Leben sagen. Ein Psychologe erlebt das Konzentrationslager«, dtv, 21. Aufl. München 2002.

20 *Abraham A. Maslow,* »Motivation und Persönlichkeit«, Reinbek b. Hbg., 9. Aufl. 2002.

21 *Mihaly Csikszentmihaly,* »Das flow-Erlebnis. Jenseits von Angst und Langeweile: im Tun aufgehen«, 6. Aufl. Stuttgart 1996, und »Flow. Das Geheimnis des Glücks«, 5. Aufl. Stuttgart 1995. Siehe dazu: *Roswitha v. dem Borne,* »Einfach fallen lassen. Der Rausch nach Grenzerfahrungen«, Stuttgart 2001.

22 *Friedrich Schiller,* »Über die ästhetische Erziehung des Menschen in einer Reihe von Briefen«, Prosa-Schriften, Stuttgart 1956.

23 *Viktor Frankl,* » ... trotzdem Ja zum Leben sagen«, a.a.O.

24 *Michaela Glöckler, Wolfgang Goebel,* »Kindersprechstunde«, a.a.O.

25 Marta Heimeran, »Von der Religion des kleinen Kindes«, 6. Aufl. Stuttgart 1994.

26 Siehe hierzu auch *Michaela Glöckler, Wolfgang Goebel,* »Kindersprechstunde«, a.a.O., und *Petra Kühne,* »Ernährungssprechstunde. Grundlagen einer gesunden Lebensführung«, Stuttgart 1993.

27 *Eckhard Schiffer,* »Wie Gesundheit entsteht«, a.a.O.

28 *Rainer Patzlaff,* »Sprachzerfall und Aggression. Geistige Hintergründe der Gewalt und des Nationalismus«, Stuttgart 1994.

29 *Karin Lantzsch,* »Optimale Hindernisse auf dem Weg zum Erwachsenwerden«, in: *Ursula Schulz* (Hrsg.), »Kindsein heute. Alptraum oder Traum«, Waiblingen 2000.

30 Siehe hierzu auch *Mathias Wais,* »Suchtprävention beginnt im Kindesalter. Erziehung als Begleitung zur Selbständigkeit«, Stuttgart 2002.

31 *Michaela Glöckler,* »Begabung und Behinderung«, a.a.O.

32 *Brucks,* »Salutogenese – der nächstmögliche Schritt in der Entwicklung medizinischen Denkens?«, in: W. Schüffel et al. (Hrsg.), »Handbuch der Salutogenese. Konzept und Praxis«, Wiesbaden 1998, zit. bei Schiffer, a.a.O.

33 U: *Brucks,* zit. bei Schiffer, a.a.O.

34 *Günther Opp, Michael Fingerle, Andreas Freitag* (Hrsg.), »Was Kinder stärkt. Erziehung zwischen Risiko und Resilienz«, München 1999.

35 *T. Guénard,* »Plus fort que la haine«, Presse de la renaissance, Paris 1999.

36 *Roswitha v. dem Borne,* »Einfach fallen lassen. Der Rausch nach Grenzerfahrungen«, Stuttgart 2001.

37 *Roswitha v. dem Borne,* »Einfach fallen lassen«, a.a.O.

38 *Peter Handke,* »Kindergeschichte«, Frankfurt/M., 51.-70. Tsd. 1971.

39 *Lee Caroll & Jan Tober,* »Die Indigo-Kinder. Eltern aufgepaßt... Die Kinder von morgen sind da!«, Burgrain 2000; Georg Kühlewind, »Sternkinder. Kinder, die uns besondere Aufgaben stellen«, 2. Aufl. Stuttgart 2001.

40 Siehe hierzu *Dietrich Bauer, Max Hoffmeister, Hartmut Görg,* »Gespräche mit Ungeborenen. Kinder kündigen sich an«, 4. Aufl. Stuttgart 1994, und »Wunderkinder. Schicksal und Chancen Hochbegabter«, Frankfurt 1991. In letzterem sind Beispiele bis ins 17., 18. Jahrhundert zurückzuverfolgen. Nicht nur Mozart, auch Haydn, Schubert,

Schumann waren Wunderkinder. Weiterhin wird von hochbegabten Mathematiker-Kindern berichtet, von anderen, die mit wenigen Monaten sprachen und vieles mehr. Manche sind früh gestorben, aus anderen sind große Meister geworden, bei anderen wiederum ist die Genialität der Kinderzeit versiegt.

41 »Goethes Werke«, Bd. VIII, Stuttgart 1962. (Hervorhebungen im Text durch d. V.).

42 Über naive und sentimentalische Dichtung, Prosaschriften, Stuttgart 1956. (Hervorhebungen im Text durch d. V.).

43 *Robert Plomin & Judy Dunn*, »Warum Geschwister so verschieden sind«, Stuttgart 1996.

44 *Michaela Glöckler*, »Begabung und Behinderung«, a.a.O.

45 Der Spiegel 42/1999, zit. bei R. v. d. Borne, a.a.O.

46 »Toys. Das Magazin der Branche«, 2/2000, zit. bei R. v. dem Borne, a.a.O.

47 *Rudolf Steiner*, »Geisteswissenschaft und Medizin«, GA 312, 6. Aufl. Dornach 1985.

48 *Rudolf Steiner*, »Die Philosophie der Freiheit«, GA 4, 15.Aufl. Dornach 1987.

49 Sense of coherence questionnaire, Antonovsky 1987; deutsche Version: Noack et al., 1991, zit. bei *Schüffel et al.* (Hrsg.), »Handbuch der Salutogenese«, a.a.O.

Fragebogen zum Kohärenzgefühl[49]

Skalierung (Einstufung der Werteskala) und Itempolung: Mit (R) gekennzeichnete Items (Aufgaben innerhalb des Tests) sind bei der Auswertung umzupolen.

Skala comprehensibility (Verstehbarkeit):
Item: 1 (R), 3, 5 (R), 10, 12, 15, 17, 19, 21, 24, 26.

Skala manageability (Handhabbarkeit):
Item: 2, 6 (R), 9, 13 (R), 18, 20 (R), 23 (R), 27 (R), 29.

Skala meaningfulness (Bedeutsamkeit, Sinnhaftigkeit):
Item: 4 (R), 7 (R), 8, 11 (R), 14 (R), 16 (R), 22, 28.

SOC = Sense of Coherence (Kohärenzgefühl)-Kurzform (13 Items): 4 (R), 5 (R), 6 (R), 8, 9, 12, 16 (R), 19, 21, 25 (R), 26, 28, 29.

Im folgenden ist eine Reihe von Fragen aufgestellt, die sich auf verschiedene Bereiche unseres Lebens beziehen. Bitte kreuzen Sie jeweils die Zahl an, welche Ihrer Antwort entspricht, wobei die Zahlen 1 und 7 Extremantworten darstellen. Wenn die Antwort unter der 1 für Sie zutrifft, dann kreuzen Sie die 1 an; wenn die Antwort unter der Zahl 7 für Sie zutrifft, dann kreuzen Sie die 7 an. Wenn Sie Ihre Antwort irgendwo zwischen 1 und 7 sehen, kreuzen Sie die Zahl an, die Ihrer Beurteilung am besten entspricht. Bitte geben Sie immer nur eine Antwort bei jeder Frage.

Fragebogen

Wenn Sie mit anderen Leuten sprechen, haben Sie das Gefühl, daß Sie nicht verstanden werden?

1	2	3	4	5	6	7

Habe nie dieses Gefühl — **Habe immer dieses Gefühl**

Wenn Sie in der Vergangenheit etwas machen mußten, das von der Zusammenarbeit mit anderen Menschen abhängig war, hatten Sie das Gefühl, die Arbeit würde ...

1	2	3	4	5	6	7

sicher nicht erledigt werden — **sicher erledigt werden**

Einmal abgesehen von den Menschen, die Ihnen am nächsten stehen: Wie gut kennen Sie die Leute, mit denen Sie täglich zu tun haben?

1	2	3	4	5	6	7

Sie sind Ihnen völlig fremd — **Sie kennen sehr gut**

Kommt es vor, daß es Ihnen ziemlich gleichgültig ist, was um Sie herum passiert?

1	2	3	4	5	6	7

sehr selten oder nie — **sehr oft**

Waren Sie schon überrascht vom Verhalten von Menschen, die Sie gut zu kennen glaubten?

1	2	3	4	5	6	7

Das ist nie passiert — **Das ist immer wieder passiert**

Wurden Sie schon von Menschen enttäuscht, auf die Sie gezählt hatten?

1	2	3	4	5	6	7

Das ist nie passiert — **Das ist immer wieder passiert**

Das Leben ist...

1	2	3	4	5	6	7

ausgesprochen interessant — **reine Routine**

Bis jetzt hatte mein Leben ...

1	2	3	4	5	6	7

überhaupt keine klaren Ziele und Vorsätze — **sehr klare Ziele oder Vorsätze**

Haben Sie das Gefühl, daß Sie ungerecht behandelt werden?

1	2	3	4	5	6	7

sehr oft — **sehr selten oder nie**

In den letzten zehn Jahren war Ihr Leben ...

1	2	3	4	5	6	7

voller Veränderungen, ohne daß Sie wußten, was als nächstes passiert — **beständig und klar**

Das meiste, was Sie in Zukunft tun werden, wird wahrscheinlich ...

1	2	3	4	5	6	7

völlig faszinierend sein — **todlangweilig sein**

Haben Sie manchmal das Gefühl, daß Sie in einer ungewohnten Situation sind und nicht wissen, was Sie tun sollen?

1	2	3	4	5	6	7

sehr oft — **sehr selten oder nie**

Was beschreibt am besten, wie Sie Ihr Leben sehen?

1	2	3	4	5	6	7

Man kann immer einen Weg finden, mit schmerzlichen Dingen im Leben fertig zu werden — **Es gibt nie einen Weg, mit Dingen im Leben fertig zu werden**

Wenn Sie über Ihr Leben nachdenken ...

1	2	3	4	5	6	7

spüren Sie oft, wie schön es ist, zu leben — **fragen Sie sich oft, wieso Sie überhaupt leben**

Wenn Sie vor einem schwierigen Problem stehen, ist die Wahl einer Lösung ...

1	2	3	4	5	6	7

immer völlig klar? — **Immer verwirrend und schwer zu finden**

Die Dinge, die Sie täglich tun, sind für Sie eine Quelle ...

1	2	3	4	5	6	7

tiefer Freude und Zufriedenheit — **von Schmerz und Langeweile**

Ihr Leben wird in Zukunft wahrscheinlich

1	2	3	4	5	6	7

voller Veränderungen sein, ohne daß Sie wissen, was als nächstes passiert — **beständig und klar sein**

Wenn in der Vergangenheit etwas Unangenehmes geschah, neigten Sie dazu ...

1	2	3	4	5	6	7

sich zu sagen: »Nun gut, so ist es eben, damit muß ich leben und weitermachen!«? — **sich deswegen innerlich aufzureiben (»innerlich zu verzehren«)?**

Wie oft sind Ihre Gefühle und Ideen ganz durcheinander?

1	2	3	4	5	6	7

sehr oft — **sehr selten oder nie**

Wenn Sie etwas machen, das Ihnen ein gutes Gefühl gibt ...

1	2	3	4	5	6	7

werden Sie sich sicher auch weiterhin gut fühlen — **wird sicher etwas geschehen, das dieses Gefühl verderben wird**

Kommt es vor, daß Sie Gefühle in sich spüren, die Sie lieber nicht hätten?

1	2	3	4	5	6	7

sehr oft — **sehr selten oder nie**

Sie nehmen an, daß Ihr zukünftiges Leben ...

1	2	3	4	5	6	7

ohne jeden Sinn und Zweck sein wird — **voller Sinn und Zweck sein wird**

Glauben Sie, daß es in Zukunft immer Leute geben wird, auf die Sie zählen können?

1	2	3	4	5	6	7

Sie sind sich dessen ganz sicher — **Sie zweifeln daran**

Haben Sie manchmal das Gefühl, nicht genau zu wissen, was demnächst geschehen wird?

1	2	3	4	5	6	7

sehr oft **sehr selten oder nie**

Viele Leute – auch solche mit einem starken Charakter – fühlen sich in bestimmten Situationen wie traurige Versager (»Pechvogel«). Wie oft haben Sie sich so gefühlt?

1	2	3	4	5	6	7

nie **sehr oft**

Wenn etwas passierte, hatten Sie im allgemeinen den Eindruck, daß Sie dessen Bedeutung ...

1	2	3	4	5	6	7

über- oder unterschätzen **richtig einschätzen**

Wenn Sie an Schwierigkeiten denken, denen Sie bei wichtigen Dingen im Leben wohl begegnen werden, haben Sie das Gefühl, daß

1	2	3	4	5	6	7

es Ihnen immer gelingen wird, die Schwierigkeiten zu überwinden **Sie es nicht schaffen werden, die Schwierigkeiten zu überwinden**

Wie oft haben Sie das Gefühl, daß die Dinge, die Sie täglich tun, eigentlich wenig Sinn haben?

1	2	3	4	5	6	7

sehr oft **sehr selten oder nie.**

Wie oft haben Sie Gefühle, bei denen Sie nicht sicher sind, ob Sie sie unter Kontrolle halten können?

1	2	3	4	5	6	7

sehr oft **sehr selten oder nie.**

Literatur

Antonovsky, Aaron, Salutogenese. Zur Entmystifizierung der Gesundheit. Forum für Verhaltenstherapie und psychosoziale Praxis, Bd. 36, Tübingen 1997.

Borne, Roswitha v. dem, Einfach fallen lassen. Der Rausch nach Grenzerfahrungen, Stuttgart 2001.

Caroll, Lee & Tober, Jan, Die Indigo-Kinder. Eltern aufgepaßt...Die Kinder von morgen sind da!, Burgrain 2000

Csikszentmihaly, Mihaly, Das Flow-Erlebnis. Jenseits von Angst und Langeweile: im Tun aufgehen, 6. Aufl. Stuttgart 1996.

– Flow. Das Geheimnis des Glücks, 5. Aufl. Stuttgart 1996.

Frankl, Viktor E., ...trotzdem Ja zum Leben sagen. Ein Psychologe erlebt das Konzentrationslager, 21. Aufl. München 2002.

Glöckler, Michaela, Begabung und Behinderung. Praktische Hinweise für Erziehung und Schicksalsfragen, Praxis Anthroposophie, 2. Aufl. Stuttgart 1999.

– Salutogenese. Wo liegen die Quellen leiblicher, seelischer und geistiger Gesundheit? Verein für anthroposophisches Heilwesen, Heft 5, Bad Liebenzell 2001.

– (Hrsg.), Gesundheit und Schule. Schulärztliche Tätigkeit an Waldorf- und Rudolf Steiner Schulen. Berufsbild – Perspektiven – praktische Erfahrungen. Erziehung als präventiv-medizinische

Aufgabenstellung, Arbeitsbereich der medizinischen Sektion am Goetheanum, Dornach 1998.
Goebel, Wolfgang/ Glöckler, Michaela, Kindersprechstunde. Ein medizinisch-pädagogischer Ratgeber, 13. Aufl. Stuttgart 1998.
Goebel, Wolfgang, Schutzimpfungen selbst verantwortet. Grundlagen für eigene Entscheidungen, aethera, Stuttgart 2002.
Grossarth-Maticek, Systemische Epidemiologie und präventive Verhaltensmedizin chronischer Erkrankungen. Strategien zur Aufrechterhaltung der Gesundheit, Berlin/New York 1999.
Grossman, Dave/ DeGaetano, Gloria, Wer hat unseren Kindern das Töten beigebracht? Ein Aufruf gegen Gewalt in Fernsehen, Film und Videospielen, Stuttgart 2002.
Guénard, T., Plus fort que la haine, Presse de la renaissance, Paris 1999.
Heimeran, Marta, Von der Religion des kleinen Kindes, 6. Aufl. Stuttgart 1994.
Jonas, Hans, Der Gottesbegriff nach Auschwitz, Frankfurt 1987.
Kühlewind, Georg, Sternkinder. Kinder, die uns besondere Aufgaben stellen, 2. Aufl. Stuttgart 2001.
Kühne, Petra, Ernährungssprechstunde. Grundlagen einer gesunden Lebensführung, Stuttgart 1993
Lantzsch, Karin, Optimale Hindernisse auf dem Weg zum Erwachsenwerden in: Schulz, Ursula (Hrsg.), Kindsein heute. Alptraum oder Traum, ...
Maslow, Abraham H., Motivation und Persönlichkeit, 9. Aufl. Reinbek b. Hamburg 1981.

Opp, Günther/ Fingerle, Michael/ Freitag, Andreas (Hrsg.), Was Kinder stärkt. Erziehung zwischen Risiko und Resilienz, München 1999.

Patzlaff, Rainer, Sprachzerfall und Aggression. Gründe der Gewalt und des Nationalismus, Stuttgart 1994.

Plomin, Robert/ Dunn, Judy, Warum Geschwister so verschieden sind, Stuttgart 1996.

Schiffer, Eckhard, Wie Gesundheit entsteht. Salutogenese: Schatzsuche statt Fehlerfahndung, Belz Tb. 90, Weinheim und Basel 2001.

Schüffel et al. (Hrsg.), Handbuch der Salutogenese. Konzept und Praxis, Wiesbaden 1998

Spitz, René, Vom Säugling zum Kleinkind. Naturgeschichte der Mutter-Kind-Beziehungen im ersten Lebensjahr, 10. Aufl. Stuttgart 1992.

– Die Entstehung der ersten Objektbeziehungen, 5. veränd. Aufl. Stuttgart 1992.

Steiner, Rudolf, Philosophie der Freiheit, GA 4, 15. Aufl. Dornach 1987.

– Die Offenbarungen des Karma, GA 120, 8. Aufl. Dornach 1992.

– Wie erlangt man Erkenntnisse höherer Welten?, GA 10, 24. Aufl. Dornach 1992.

– Geisteswissenschaft und Medizin, GA 312, 6. Aufl. Dornach 1985.

Was erhält Menschen gesund? Antonovskys Modell der Salutogenese – Diskussionstand und Stellenwert, Bundeszentrale für gesundheitliche Aufklärung, Forschung und Praxis der Gesundheitsförderung, Bd. 6, erw. Neuauflage Köln 2001.